AF275187

COLEX

Disfrute gratuitamente **DURANTE UN AÑO** del eBook de esta obra

Medios alternativos de resolución de conflictos

⊘ Acceda a la página web de la editorial **www.colex.es**

⊘ Identifíquese con su usuario y contraseña. En caso de no disponer de una cuenta regístrese.

⊘ Acceda en el menú de usuario a la pestaña «Mis códigos» e introduzca el que aparece a continuación:

RASCAR PARA VISUALIZAR EL CÓDIGO

⊘ Una vez se valide el código, aparecerá una ventana de confirmación y su eBook estará disponible **durante 1 año desde su activación** en la pestaña «Mis libros» en el menú de usuario

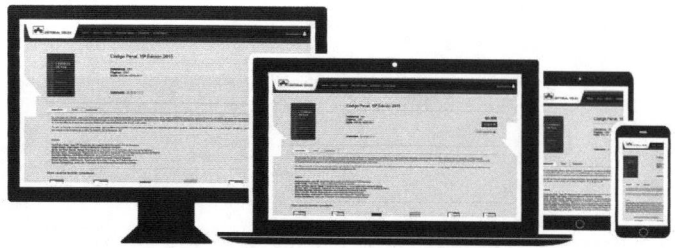

¡Gracias por confiar en Colex!

La obra que acaba de adquirir incluye de forma gratuita la versión electrónica.
Acceda a nuestra página web para aprovechar todas las funcionalidades de
las que dispone en nuestro lector.

Funcionalidades eBook

**Acceso desde
cualquier dispositivo**

**Idéntica visualización
a la edición de papel**

Navegación intuitiva

Tamaño del texto adaptable

Puede descargar la APP "Editorial Colex" para acceder a sus libros
y a todos los códigos básicos actualizados.

Síguenos en: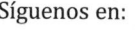

MEDIOS ALTERNATIVOS DE RESOLUCIÓN DE CONFLICTOS

MEDIOS ALTERNATIVOS DE RESOLUCIÓN DE CONFLICTOS

Directora

Paloma Abad Tejerina

COLEX 2024

© Paloma Abad Tejerina
© Daniel J. Bustelo Eliçabe
© Eva Susana Fernández García
© Pilar Pulido
© Amparo Quintana

© Editorial Colex, S.L.
Calle Costa Rica, número 5, 3.º B (local comercial)
A Coruña, C.P. 15004
info@colex.es
www.colex.es

I.S.B.N.: 978-84-1194-258-4
Depósito legal: C 22-2024

SUMARIO

2

MEDIACIÓN Y LAZO SOCIAL

Daniel J. Bustelo Eliçabe

3

LA COORDINACIÓN DE PARENTALIDAD:
ALGUNAS REFLEXIONES. PRÁCTICAS

Eva Susana Fernández García

4

NEGOCIACIÓN

Amparo Quintana

PRÓLOGO

En esta obra colectiva, nos adentramos en un viaje revelador a través de cuatro pilares fundamentales en la resolución alternativa de conflictos familiares: Arbitraje, Mediación, Coordinación de Parentalidad, y la Negociación Harvard. Los textos recogidos aquí son el fruto de conferencias ofrecidas de manera altruista por expertos reconocidos en cada campo a la Asociación Madrileña de Abogacía de Familia e Infancia. El propósito unificador de estos esfuerzos es ofrecer una alternativa a la intervención judicial en las disputas familiares, buscando pacificar las relaciones después de una ruptura y proporcionar soluciones constructivas y menos confrontativas.

Cada capítulo de este libro es una ventana a un mundo donde la conciliación y el entendimiento son posibles. Desde el refinado arte del arbitraje y las sutilezas de la mediación, pasando por la innovadora práctica de la coordinación de parentalidad, hasta llegar a las estrategias efectivas de la negociación al estilo Harvard, los autores nos guían por caminos alternativos a la resolución de conflictos. Estos caminos no solo son viables, sino que en muchos casos resultan más beneficiosos y humanizadores que los procedimientos judiciales tradicionales.

El lector encontrará en estas páginas un enfoque práctico y accesible, ideado para aplicar en la práctica diaria de quienes trabajan en el ámbito del derecho de familia. Este libro no es solo una compilación de teorías; es una herramienta viva, diseñada para ser utilizada activamente por profesionales que buscan maneras más armoniosas y efectivas de resolver conflictos.

Agradecemos profundamente a los autores por su generosa contribución. Su conocimiento y experiencia son valiosos faros que iluminan el camino hacia una comprensión más profunda de estas importantes disciplinas. Cada capítulo es un testimonio de su dedicación y compromiso con la promoción de la paz y el entendimiento en el contexto familiar.

Este libro es más que una simple guía; es un reflejo del deseo común de los autores y de la Asociación Madrileña de Abogacía de Familia e Infancia de transformar la manera en que abordamos los conflictos familiares. Estamos convencidos de que las enseñanzas aquí presentadas serán una fuente inestimable de sabiduría y guía para aquellos que buscan resolver conflictos fuera de los tribunales, contribuyendo así a una sociedad más justa y empática.

Noviembre de 2023

Paloma Abad Tejerina
Presidente de Amafi

1

ARBITRAJE Y DERECHO DE FAMILIA

Pilar Pulido
(con la inestimable colaboración de Patricia de Dios Teigell)
Asociación Europea de Arbitraje (AEA)

1. Introducción

Resumen y objetivos del estudio

El arbitraje es «un equivalente jurisdiccional, mediante el cual las partes pueden obtener los mismos objetivos que con la jurisdicción civil, esto es, la obtención de una decisión al conflicto con todos los efectos de la cosa juzgada» (Sentencia 288/1993, del Tribunal Constitucional, de 4 de octubre de 1993)

Este trabajo pretende ser una aproximación al arbitraje y en concreto al arbitraje en derecho de familia, con una visión general y sin pretender en ningún caso hacer un tratado del tema, con un enfoque más práctico que doctrinal acerca del arbitraje como opción alternativa a la vía jurisdiccional para la resolución de conflictos, ante el gran colapso que actualmente sufren nuestros Tribunales de Justicia, presentando este procedimiento no solo para el derecho de familia, sino incluso para el derecho en general, como lo que ha demostrado ser (por comparación con la jurisdicción), más rápido, eficaz, confidencial, más flexible, económico y confidencial, donde la autonomía de la voluntad de las partes rige todo el proceso.

2. Fundamentos del arbitraje

Conceptos básicos y regulación en el Derecho español

Antes de iniciar la materia concreta del arbitraje en derecho de familia, debemos aproximarnos a los conceptos de arbitraje y, en concreto, a su regulación en el derecho español.

La Ley de Arbitraje 60/2003, de 23 de diciembre (L.A.), surge tanto de la necesidad de armonizar el régimen jurídico del arbitraje —en particular, del comercial internacional— como del cumplimiento del art. 18 y 19 del Pacto de Estado para la Reforma de la Justicia, suscrito el 28 de mayo de 2001, donde se dice textualmente que:

> «se promulgará una nueva Ley de Arbitraje que facilite y abarate el recurso al arbitraje y dote de eficacia al laudo arbitral» (...) «se potenciará la evitación de conflictos desarrollando e impulsando fórmulas eficaces de arbitraje, mediación y conciliación».

Nuestra L.A. de 2003, según su Exposición de Motivos viene a cumplir con la necesidad de armonización de la regulación del arbitraje (interno e internacional) y se basará en la Ley Modelo elaborada por la Comisión de las Naciones Unidas para el Derecho Mercantil Internacional, de 21 de junio de 1985 (Ley Modelo de la CNUDMI/UNCITRAL).

La Ley de arbitraje 60/2003 no contiene una definición específica de la institución y, de hecho, no hay en nuestra normativa y legislación, una definición concreta de qué es el arbitraje, por lo que deberemos acudir a la Ley Modelo de CNUDMI/UNCITRAL, para tener una primera aproximación —que tampoco definición— cuando señala en su art. 7 que el acuerdo de arbitraje es aquel «acuerdo por el que las partes deciden someter a arbitraje todas las controversias o ciertas controversias que hayan surgido o puedan surgir entre ellas respecto de una determinada relación jurídica, contractual o no contractual».

El Tribunal Constitucional, en algunas de sus sentencias, ha ido definiendo el arbitraje; así, entre otras, la sentencia 288/1993, del Tribunal Constitucional de 4 de octubre de 1993 establece, en su FD 3.:

> «[...] Ello es conforme con la naturaleza del arbitraje, que es (STC 62/1991) "un equivalente jurisdiccional, mediante el cual las partes pueden obtener los mismos objetivos que con la jurisdicción civil, esto es, la obtención de una decisión al conflicto con todos los efectos de la cosa juzgada"» [...]

Y del mismo modo, la Sentencia del Tribunal Supremo 9/2005, señala que:

«el arbitraje es un medio heterónomo de arreglo de controversias que se fundamenta en la autonomía de la voluntad de los sujetos privados, lo que constitucionalmente lo vincula con la libertad como valor superior del ordenamiento».

Orígenes y evolución legal: Ley de Arbitraje 60/2003

Podemos acudir al Convenio de Nueva York, de 10 de junio de 1958, incorporado a nuestro derecho interno por instrumento de ratificación de 29 de abril de 1977 y por la referencia expresa de la Ley 60/2003 (L.A.) en su artículo 46, así como el Convenio de 21 de abril de 1981 sobre Arbitraje Comercial Internacional, ratificado por instrumento de 5 de marzo de 1975, donde sí hay una definición de arbitraje, como «arreglo de controversias entre partes no sólo mediante árbitros nombrados para cada caso determinado (arbitraje *ad hoc*); sino también por instituciones arbitrales permanentes» (art. I.2)[1].

3. Definición y características del arbitraje

Definiciones legales

Si bien no tenemos, como ya hemos señalado, una definición precisa y regulada, sí podemos acudir a sus principales características:

Características principales del arbitraje

El arbitraje es un mecanismo eficaz y **alternativo** a la Administración de Justicia, para la resolución de conflictos que surjan o puedan surgir entre dos o más partes, en el que un **tercero imparcial** resuelve la controversia dictando un laudo de obligado cumplimiento, que tendrá efectos de **cosa juzgada**. De aquí extraemos que se caracteriza por ser un procedimiento cuya máxima expresión es la autonomía de la voluntad de las partes, es **privado e informal**, donde las partes acuerdan someter sus disputas a uno o

---

1   *Comentario a la Ley de Arbitraje*. Alberto de MARTÍN MUÑOZ, Santiago HIERRO ANIBARRO, Ed. Marcial Pons.

varias personas terceros imparciales autorizándolos a resolverlas de forma definitiva y obligatoria para las partes; es un sistema **rápido y con mayor disponibilidad**. Es de todos conocido que un procedimiento judicial puede alargarse años por innumerables motivos hasta obtener una resolución, mientras que al inicio del arbitraje se fija por las partes (o en su defecto por el propio árbitro/árbitros) el plazo de duración del procedimiento que, por lo general, rondará los 6 meses (salvo acuerdo de las partes en contra, ya que las partes pueden pactar los plazos, algo impensable en la jurisdicción), así vemos que el arbitraje tiene una mayor disponibilidad para las partes ya que son estas quienes acuerdan en el Acta de Misión inicial o Primera Orden, los tiempos, el idioma, el objeto, la forma de plantear sus defensas o presentar las pruebas, etc..., lo que lo hace más **flexible e inmediato** en la resolución de las controversias, y lo que evita, con ello y en gran medida, el mayor deterioro de las relaciones entre las partes, comerciales o personales. En este sentido, la característica de la **confidencialidad** que rige el arbitraje también es un valor añadido a este procedimiento de resolución de conflictos, junto con las ya apuntadas y con la **especialización de los árbitros**, puesto que asegura que no se perjudique la imagen o reputación de las partes por filtraciones indeseadas, y las partes se aseguran de que quien resolverá su controversia será un profesional cualificado y con experiencia en el sector del que se trate, lo que asegura así mismo y garantiza en cierto modo la calidad de las resoluciones (laudos) que pongan fin al conflicto, reconociéndose expresamente por el art. 15.2 L.A. que las partes podrán acordar libremente el procedimiento para designación de árbitros (evidentemente de no elegirlos de común acuerdo, cabe también delegar tal potestad en una institución designadora).

Tratamiento de las partes y confidencialidad

Art. 24 L.A.

1. Deberá tratarse a las partes con igualdad y darse a cada una de ellas suficiente oportunidad de hacer valer sus derechos.

2. Los árbitros, las partes y las instituciones arbitrales, en su caso, están obligadas a guardar la confidencialidad de las informaciones que conozcan a través de las actuaciones arbitrales.

El convenio arbitral no implica renuncia de las partes a su derecho fundamental de tutela judicial, consagrado en el art. 24 de la Constitución. Por ello, el Título VII regula la anulación y revisión del laudo a fin de garantizar que el nacimiento, desarrollo y conclusión del procedimiento arbitral se ajustan a lo establecido en la Ley, si bien no es un verdadero recurso, técnicamente hablando, porque la jurisdicción no podrá entrar a conocer el fondo del laudo, tan solo la validez del mismo.

4. El convenio arbitral

Naturaleza y formación del convenio arbitral

Para poder resolver los litigios surgidos entre las partes vía arbitraje, es requisito que exista un convenio arbitral, entendiendo por tal un acuerdo o pacto entre las partes, conforme establece el artículo 9 de la vigente Ley de Arbitraje del 2003 —y establecía el art. 6.1 LA 1988—. Si bien dicho acuerdo o pacto de sometimiento a arbitraje suele ser previo a que surja el conflicto, puede acordarse por las partes con carácter posterior a surgida la controversia, para solucionarla.

Dicho pacto o convenio puede adoptar la forma de cláusula incorporada a un contrato o de acuerdo independiente, y deberá expresar la voluntad de las partes de someter a arbitraje todas o algunas de las controversias que hayan surgido o puedan surgir respecto de una determinada relación jurídica, contractual o no contractual. (Roj: STSJ M 13470/2015 - ECLI:ES:TSJM:2015:13470)

El convenio arbitral es pues una **genuina manifestación de la autonomía de la voluntad** de las partes, configurándose como un verdadero contrato entre ellas y, conforme al art 1.261 del Código civil, como tal, requiere de consentimiento, causa y objeto cierto que sea materia arbitral, es decir, el consentimiento del sometimiento de las controversias a arbitraje podrá ser expreso e incluso tácito, previo a que surja el conflicto o posterior a su existencia, pero es requisito indispensable que exista por ambas partes y no puede ser un sometimiento genérico o indeterminado, sino que debe estar referido a un objeto cierto, a un concreto contrato o situación o relación jurídica. Como señala **Rafael Hinojosa Segovia**[2]:

> «En relación con la existencia del objeto del convenio son tres los aspectos esenciales que conviene tener en cuenta: en primer término, es presupuesto del arbitraje la existencia de un negocio principal —contractual o no contractual—; en segundo, ha de determinarse cuál es la relación jurídica singular de dicho negocio sobre la que ha de recaer el arbitraje y, finalmente, cuáles son los puntos concretos que configuran la controversia sometida a los árbitros. La falta de alguno de estos tres presupuestos es determinante de la inexistencia del objeto del convenio».

Nulidad y efectos del convenio arbitral

Podrá producirse la nulidad del convenio si su objeto fuera ilícito por ser del todo indisponible (art. 2.1 L.A.) y, finalmente, como quiera que la controversia sometida a los árbitros puede delimitarse progresivamente, su indeterminación en el momento de la formalización del convenio no daría lugar a su nulidad.

---

2   Alberto de MARTÍN MUÑOZ, Santiago HIERRO ANIBARRO, *Comentario...*, *op. cit.*, pág. 522.

La existencia de un convenio arbitral tampoco supone la exclusión total de la jurisdicción ordinaria (los tribunales), pues la propia L.A. contempla, en su articulado la intervención jurisdiccional, tal y como señala la Exposición de Motivos de la L.A.:

> El artículo 7, sobre intervención judicial en el arbitraje, es un corolario del denominado efecto negativo del convenio arbitral, que impide a los tribunales conocer de las controversias sometidas a arbitraje. De este modo, la intervención judicial en los asuntos sometidos a arbitraje ha de limitarse a los procedimientos de apoyo y control, expresamente previstos por la ley.

La ley refuerza el criterio antiformalista. Así, aunque se mantiene la exigencia de que el convenio conste por escrito y se contemplan las diversas modalidades de constancia escrita, se extiende el cumplimiento de este requisito a los convenios arbitrales pactados en soportes que dejen constancia, no necesariamente escrita, de su contenido y que permitan su consulta posterior. Se da así cabida y se reconoce la validez al uso de nuevos medios de comunicación y nuevas tecnologías. Se consagra también la validez de la llamada cláusula arbitral por referencia, es decir, la que no consta en el documento contractual principal, sino en un documento separado, pero se entiende incorporada al contenido del primero por la referencia que en él se hace al segundo.

Asimismo, la voluntad de las partes sobre la existencia del convenio arbitral se superpone a sus requisitos de forma. En lo que respecta a la ley aplicable al convenio arbitral, se opta por una solución inspirada en un principio de conservación o criterio más favorable a la validez del convenio arbitral. De este modo, basta que el convenio arbitral sea válido con arreglo a cualquiera de los tres regímenes jurídicos señalados en el apartado 6 del artículo 9: las normas elegidas por las partes, las aplicables al fondo de la controversia o el derecho español.

Los motivos de anulación del laudo son tasados y no permiten, como regla general, una revisión del fondo de la decisión de los árbitros. El elenco de los motivos y su apreciabilidad de oficio o solo a instancia de parte se inspiran en la Ley Modelo UNCITRAL. No obstante, el ejercicio de la acción de anulación no ha de perjudicar a la parte que haya obtenido pronunciamientos de condena a su favor, porque el laudo, aun impugnado, tiene fuerza ejecutiva (Art. 43 L.A.).

La voluntad de las partes de someterse a arbitraje, si nos atenemos a la literalidad de la Ley de Arbitraje, habría de ser indiscutible para la resolución por esta vía con exclusión de la vía jurisdiccional, un requisito imprescindible de la institución, si bien la jurisprudencia, con el paso del tiempo, ha ido flexibilizando las exigencias respecto de dicho pacto entre las partes en lo referente a su carácter «expreso», así, y a modo de ejemplo, la sentencia del

Tribunal Superior de Justicia de Madrid (sala de lo Civil y Penal, sección 1.ª), núm 67/2015 de 6 de octubre. JUR 2015/257758, señala:

«En estas circunstancias, la Sala tiene que recordar como doctrina jurisprudencial reiteradísima que, a la hora de ponderar la existencia y efectos de un convenio arbitral, es imprescindible preservar las exigencias de la buena fe y de la congruencia con los propios actos (S 13.2.2013, ROJ STSJM 8205/2013; mutatis mutandis, S 22.7.2013, ROJ STSJ M 8247/2013; y recientemente, STSJ Madrid de 13 de enero de 2015, en recurso de anulación 45/2014; o STSJ Madrid 22/2015, de 24 de marzo), siendo posible apreciar la existencia y validez de un compromiso arbitral, aun de forma tácita, por actos concluyentes, como haber consentido un previo procedimiento arbitral sin protestar la inexistencia o invalidez del convenio [...] en una situación así, como dijimos en nuestra sentencia de 6 de noviembre de 2013 (RO STSJ Madrid 15975/2013), la parte "no puede ir ahora contra sus propios actos, que han causado estado, definiendo inalterablemente su situación jurídica de sometimiento a arbitraje, y todo ello en los términos precisos de solemnidad... y sin que fueran ambiguos, definiendo inequívocamente la situación de quien los realizaba, de acuerdo con reiterada doctrina y jurisprudencia (SSTS de 10 de junio de 1994, 22 de Enero de 1997 y 28 de Enero de 2000, entre otras)».

STSJ Madrid de 13 de enero de 2015, en recurso de anulación 45/2014 Roj: STSJ M 197/2015 - ECLI:ES:TSJM:2015:197:

« [...] Es axioma incontrovertido que la interpretación extensiva de la cláusula arbitral —a terceros que no la han suscrito o a situaciones o ámbitos de aplicación no comprendidos claramente en ella— ha de estar muy sólidamente sustentada, no sólo por la exigencia de la voluntad de sumisión inequívoca y por escrito como fundamento de la existencia del convenio arbitral (arts. 9.1 y 9.3 LA) —lo que no excluye su emisión tácita, deducida de actos concluyentes, v.gr., por falta de oposición al arbitraje incoado (art. 9.5 LA—, sino porque, al fin y a la postre, la inferencia de esa voluntad lleva aparejada una radical consecuencia jurídica: nada más y nada menos que la renuncia al derecho de acceso a la jurisdicción, " núcleo duro " —en locución del TC— del derecho fundamental a la tutela judicial efectiva (art. 24.1 CE).[...].

Como hemos recordado en nuestra reciente sentencia de 16.12.2014 (procedimiento de anulación n.º 36/2014), esta Sala ha aceptado sin dificultad alguna, por exigencias de la buena fe y de la congruencia con los propios actos, la extensión de la cláusula arbitral a terceros en casos de sucesión contractual, con la correspondiente asunción de derechos y obligaciones, y, entre ellas, la de sumisión a arbitraje (S 13.2.2013, ROJ STSJ M 8205/2013; y, mutatis mutandis, S. 22.7.2013, ROJ STSJ M 8247/2013). Teniendo presente, claro está, que en tales situaciones era inconcusa la mismidad de la relación contractual, y sin que ello signifique que el inicio de una relación jurídica con sumisión a arbitraje permita extender ese consentimiento a contratos ulteriores, no previstos en el pacto inicial y modificativos de sus condiciones, en las que aquella sumisión no tiene lugar (v.gr., en tal sentido, STSJ Cataluña 16.05.2013, ROJ STSJ Cat 5343/2013) [...]».

Arbitraje por disposición testamentaria

Aunque trataremos de él más adelante, un caso especial a este respecto es el arbitraje instituido por disposición testamentaria, a que se refiere el art. 10 L.A., para solucionar diferencias entre herederos no forzosos o legatarios por cuestiones relativas a la distribución o administración de la herencia. En este caso los «requisitos» a que nos hemos referido para la validez del convenio se disipan y son solo predicables respecto del otorgante, viniéndoles impuesto al resto de partes, que no llegan a otorgar su consentimiento para que les vincule.

5. El procedimiento arbitral

Inicio y desarrollo del procedimiento arbitral

El inicio del arbitraje se fija en el momento en que una parte recibe el requerimiento de la otra de someter la controversia a decisión arbitral. Formalmente, se inicia por una SOLICITUD dirigida a la Corte a la que se hayan sometido las partes o quieran someterse de común acuerdo, solicitud que habrá de contener la información básica de las partes, la existencia de la cláusula de sometimiento, documento donde esta se contenga y lo que se solicite.

En este punto es necesario precisar que la solicitud puede iniciarse incluso sin que exista clausula arbitral previa suscrita entre las partes, siendo en ese caso, dicha solicitud de arbitraje un requerimiento a la contraparte a quien se pretende demandar para que acepte dicho sometimiento en ese momento, aunque no es lo más habitual, sí ocurre en la práctica.

Casi todas las cortes arbitrales facilitan un modelo de solicitud de inicio del procedimiento arbitral. A modo de ejemplo, transcribimos la de la Asociación Europea de Arbitraje (AEA), contenida en su página web:

SOLICITUD DE ARBITRAJE

Ante la Asociación Europea de Arbitraje comparecen:

Datos de la parte demadante:

Nombre/Razón Social: Apellidos:

NIF/NIE/CIF: Domicilio:

e-Mail: Localidad:

Teléfono/Fax: Código Postal:

Representante (en el caso de empresa) y NIF:

En caso de persona jurídica, representante legal (acompañar primera copia del poder de representación):

Domicilio a efectos de notificaciones:

Domicilio: Localidad:

Código Postal/Provincia/País:

Si comparece con abogado (apellidos y nombre):

Número de colegiado: Teléfono de contacto (móvil y fijo):

Domicilio: Localidad:

Código Postal/Provincia/País:

e-Mail: Teléfono/Fax:

Datos de la parte demandada:

Nombre/Razón Social: Apellidos:

NIF/NIE/CIF: Domicilio:

e-Mail: Localidad:

Teléfono/Fax: Código Postal:

Representante (en el caso de empresa) y NIF:

En caso de persona jurídica, representante legal (acompañar primera copia del poder de representación):

Domicilio a efectos de notificaciones:

Domicilio: Localidad:

Código Postal/Provincia/País:

Si comparece con abogado (apellidos y nombre):

Número de colegiado: Teléfono de contacto (móvil y fijo):

Domicilio: Localidad:

Código Postal/Provincia/País:

e-Mail: Teléfono/Fax:

1 de 3 · SOLICITUD DE ARBITRAJE· tel.: 914 322 800 · asociacioneuropeadearbitraje.org

Fuente: www.asociacioneuropeadearbitraje.org

El procedimiento arbitral tiene las siguientes fases básicas:

- Se presenta la solicitud ante la Corte (https://www.asociacioneuropeadearbitraje.org/solicitud-arbitraje/)
- Se requiere provisión de fondos, que dependerá de la cuantía del procedimiento (cada Corte tiene sus baremos. La AEA tiene una calculadora en su página web para facilitar dicha información http://www.asociacioneuropeadearbitraje.org/calculadora/)
- Se da traslado a la contraparte para que conteste a la solicitud
- Se admite el arbitraje
- Se designa árbitro (en la AEA contamos con Comités de Expertos en diferentes materias), que deberá aceptar la designación y manifestar su independencia, imparcialidad y disponibilidad
- Se elabora el Acta de Misión o Primera Orden (normas específicas del procedimiento y calendario de actuaciones acordado por las partes o fijado por el árbitro, según proceda)
- Vista y práctica de prueba (si así se acuerda)
- Conclusiones (orales o escritas)
- LAUDO

Lo que lo convierte, como señala la Asociación Europea de Arbitraje, en un procedimiento:

- Rápido
- Eficaz
- Especializado
- Confidencial
- Económico
- Flexible

Características del procedimiento: rapidez, especialización y flexibilidad

La especialización de la institución y del árbitro: se designa siempre un árbitro experto en la materia objeto de controversia. No existen árbitros generalistas, sino especialistas.

Rapidez y flexibilidad: bajo los principios de igualdad, audiencia y contradicción, el arbitraje se debe resolver en un plazo máximo de seis meses, sin perjuicio de que las partes puedan pactar, para asuntos de mayor o menor complejidad, plazos inferiores o superiores.

Confidencialidad: la institución arbitral y los árbitros están obligados, por Ley, a guardar secreto de las actuaciones arbitrales y de las partes.

Cumplimiento y eficacia del laudo

Cumplimiento obligatorio: el laudo equivale a una sentencia firme. No cabe recurso contra la resolución arbitral.

Económico: no es obligatoria la asistencia de abogado y procurador, aunque dependiendo de la complejidad pueda ser aconsejable asistirse de abogado, y aunque hay instituciones con unos costes de gestión mayores que otras, al establecerlo cada una de ellas, por comparación con un procedimiento judicial, los costes para las partes son menores en el arbitraje.

En este punto igualmente es preciso señalar la eficacia de cosa juzgada material que se predica del laudo (art. 37 L.A.), lo que tiene un efecto práctico de suma importancia, y es que los concretos conflictos resueltos por laudo no podrán ser sometidos nuevamente a demanda ante, por ejemplo, la jurisdicción, (ni nuevamente a arbitraje más allá de la interpretación o forma de ejecución de lo ya resuelto), de existir identidad en el objeto o petitum. En el caso de que se volviera a plantear el mismo objeto de controversia ante otro órgano para su resolución, se deberá invocar este hecho (el demandado), mediante declinatoria, ante el nuevo órgano.

Por último, no podemos dejar de hacer un pequeño apunte respecto de la posible nulidad del laudo y las competencias que a este respecto pueden tener los tribunales. Por todas, **(Roj: STSJ M 197/2015 - ECLI:ES:TSJM:2015:19);** el Tribunal Superior de Justicia, Sala de lo Civil y Penal de Madrid, en Sentencia 2/2015, señala:

«Como ha puesto de manifiesto esta Sala desde la sentencia de 3 de febrero de 2012, la acción de anulación de laudo arbitral diseñada en la Ley de Arbitraje no permite a la Sala de lo Civil y Penal del Tribunal Superior de Justicia, a la que ahora se atribuye la competencia para el conocimiento de este proceso, reexaminar las cuestiones debatidas en el procedimiento arbitral. La limitación de las causas de anulación del laudo arbitral a las estrictamente previstas en el artículo 41 de esa Ley de Arbitraje, restringe la intervención judicial en este ámbito a determinar si en el procedimiento y la resolución arbitrales se cumplieron las debidas garantías procesales, si el laudo se ajustó a los límites marcados en el convenio arbitral, si éste carece de validez o si la decisión arbitral invade cuestiones no susceptibles de arbitraje. Así lo indica con claridad la exposición de motivos de la Ley 60/2003 cuando precisa que "los motivos de anulación del laudo han de ser tasados y no han de permitir, como regla general, una revisión del fondo de la decisión de los árbitros". Nunca podría, por tanto, este Tribunal pronunciarse sobre las cuestiones que se debatieron en el procedimiento arbitral. La esencia del arbitraje y el convenio arbitral, en cuanto expresa la voluntad de las partes de sustraerse a la actuación del poder judicial, determinan —como destaca la sentencia del Tribunal Supremo de del 22 de Junio del 2009 (ROJ: STS 5722/2009)— que "la intervención judicial en el arbitraje tenga carácter de control extraordinario cuando no se trata de funciones de asistencia, pues la acción de anulación, de carácter limitado a determinados supuestos, es suficiente para la satisfacción del derecho a la tutela judicial efectiva, en su modalidad de acceso a los tribunales (SSTC 9/2005, y 761/1996 y 13/1927) y, según la jurisprudencia esta Sala, tiene como objeto dejar sin efecto lo que pueda constituir un exceso del laudo arbitral, pero no corregir sus deficiencias u omisiones (SSTS 17 de marzo de 1988, 28 de noviembre de 1988, 7 de junio de 1990)».

6. Procedimiento arbitral *vs.* procedimiento judicial

Comparación de eficiencia y tiempos de resolución

El Consejo General del Poder Judicial publica anualmente las estadísticas de procedimientos y observamos, respecto al último año publicado a la redacción de este documento (2021), la enorme diferencia existente en los tiempos medios de duración de los procedimientos según se resuelvan vía jurisdicción ordinaria (los tribunales), o vía arbitraje. Hemos seleccionado de todas las tablas las que pueden afectar a este trabajo y a modo de ejemplo, si bien pueden consultarse todas en https://www.poderjudicial.es/cgpj/es/Temas/Estadistica-Judicial/Estadistica-por-temas/Actividad-de-los-organos-judiciales/Estimacion-de-los-tiempos-medios-de-los-asuntos-terminados/

Estimación de los tiempos medios de los asuntos terminados

Juzgados de 1.ª Instancia y Juzgados de 1.ª Instancia e Instrucción (Civil) Liquidación régimen económico matrimonial (meses):

AÑO 2021	
Andalucía	14,4
Aragón	8,5
Asturias	12,2
Illes Balears	14,7
Canarias	21,6
Cantabria	14,8
Castilla y León	19,0
Castilla-La Mancha	18,4
Cataluña	16,8
Comunitat Valenciana	14,5

Extremadura	19,1
Galicia	18,7
Madrid	12,0
Murcia	20,3
Navarra	5,9
País Vasco	20,6
La Rioja	18,3
España	**15,7**

Juzgados de 1.ª Instancia y Juzgados de 1.ª Instancia e Instrucción (Civil) División de Patrimonios (meses):

AÑO 2021	
Andalucía	21,8
Aragón	17,6
Asturias	20,7
Illes Balears	24,6
Canarias	27,1
Cantabria	22,4
Castilla y León	24,4
Castilla-La Mancha	31,7
Cataluña	27,8
Comunitat Valenciana	21,9
Extremadura	26,5
Galicia	27,1
Madrid	20,8
Murcia	44,0
Navarra	17,1
País Vasco	21,7
La Rioja	19,5
España	**24,0**

Es decir, si acudimos a la vía judicial para intentar resolver asuntos como la división de patrimonios o la liquidación del régimen económico matrimonial, la media de meses del procedimiento es entre 16 y 24 meses —en primera instancia— si bien cabe recurso de apelación de esas resoluciones ante la

Audiencia Provincial correspondiente, lo que alargaría el procedimiento otro año y medio o dos años, aproximadamente. Sabiendo que en el arbitraje el plazo de resolución es entre 6 meses y un año y, salvo anulación por motivos muy tasados, no cabe recurso del laudo dictado, los beneficios a nivel de rapidez y eficiencia son indiscutibles.

7. La arbitrabilidad en el Derecho de Familia

Materias arbitrables y limitaciones

Respecto a las materias que pueden ser objeto de arbitraje debemos acudir al art. 2 de la L.A. que regula las materias objeto de arbitraje sobre la base del criterio de la libre disposición, sin que contenga ningún elenco, siquiera ejemplificativo, de materias que no son de libre disposición. Basta con establecer que la arbitrabilidad de una controversia coincide con la disponibilidad de su objeto para las partes. En principio, son cuestiones arbitrables las cuestiones disponibles; es concebible que por razones de política jurídica haya o pueda haber cuestiones que sean disponibles para las partes y respecto de las que se quiera excluir o limitar su carácter arbitrable, pero ello excede del ámbito de una regulación general del arbitraje y puede ser objeto, en su caso, de disposiciones específicas en otros textos legales. (Exposición Motivos L.A.)

También el art. 19 de la Ley de Enjuiciamiento Civil (LEC) señala que los litigantes están *facultados para disponer del objeto del juicio y podrán renunciar, desistir, allanarse, someterse a arbitraje y transigir sobre lo que sea objeto del mismo, excepto cuando la Ley lo prohíba o establezca limitaciones por razones de interés general o en beneficio de tercero*, así pues la Ley procesal en este artículo excluye como materias susceptibles de someterse a arbitraje (lo que denominamos la arbitrabilidad) materias indisponibles para las partes entendidas como objeto del proceso, tal y como vemos que hace el art. 751 LEC respecto de los procesos especiales sobre capacidad, filiación, matrimonio y menores, y esta exclusión, como desarrollaremos más adelante, no es solo por razón de la materia, sino también por razón del cauce resolutorio, al ser requerida la presencia del Ministerio Fiscal como garante del orden público.

Aquí debemos detenernos un momento siendo el objeto de nuestro artículo el arbitraje en derecho de familia, y es que, precisamente, una buena parte del Derecho de Familia no es *materia de libre disposición conforme a Derecho* para las partes, ya que pertenece al ámbito del llamado orden público.

Aunque más adelante desarrollaremos esta idea en concreto, es preciso puntualizar aquí que, si bien la L.A. no define qué se entiende por materias de libre disposición, ni contiene una lista a modo de ejemplo de estas —lo que ha llevado a numerosas discusiones en la doctrina y la jurisprudencia—, dichas materias podrían ser objeto de arbitraje en cuanto a su interpretación o aplicación. Aunque puede parecer algo confuso, lo explica entre otras, la **sentencia del Tribunal Superior de Justicia de Andalucía (Sala de lo Civil y Penal, Sección 1.ª), número 16/2013 de 16 de diciembre**, Roj: STSJ AND 14491/2013 - ECLI:ES:TSJAND:2013:14491:

«[...] Al margen de ello, la actora está confundiendo el concepto de indisponibilidad de la materia (que es el que determina el ámbito objetivo del arbitraje) con el de imperatividad de la norma aplicable, contra el criterio tan claramente expuesto por la clásica STS 18 abril de 1998 que distinguía ambos conceptos y declaraba que el convenio arbitral no afecta al carácter de ius cogens de las normas aplicables, sino al cauce procesal en que han de aplicarse. Dicho de otro modo: si una norma arrendaticia es de carácter imperativo, ello impedirá que su contenido pueda alterarse por la inclusión de cláusulas contrarias a la misma en el contrato, pero no impedirá que las controversias que surjan en su aplicación puedan dirimirse mediante arbitraje, como también podrían dirimirse, sin duda, por vía de transacción. Más claro aún: la controversia sobre la validez o nulidad de una cláusula por ser contraria (o no) a una norma imperativa, es sin duda una cuestión que puede someterse a arbitraje, sin que sea cuestión reservada a la jurisdicción. Bastaría, por otra parte, como argumento considerar la existencia del Sistema Arbitral de Consumo, que parte de la premisa de la sumisión a arbitraje (incluso a arbitraje de equidad) de materias regidas casi en su integridad por normas de carácter imperativo e irrenunciables para el consumidor. Pero si lo que en realidad esgrime la actora es que el laudo es nulo por contravenir el orden público, al basarse en una cláusula contractual contraria a norma imperativa, tampoco puede dárse le la razón. Primero, porque según abundantísima jurisprudencia que no es preciso citar el orden público al que se refiere el artículo 41.1.f) LA (laudos contrarios al orden público) no puede identificarse con todas y cada una de las normas de carácter imperativo: puede, en efecto, comprenderse sin dificultades que los fundamentos del ordenamiento jurídico y del orden constitucional no se tambalean porque se acuerde el reparto de una indemnización derivada de expropiación entre el arrendador y el arrendatario, por más que determinada política legislativa de hace décadas quisiera blindar la posición de los arrendatarios con normas que, siendo imperativas, no definen el concepto de orden público en el momento en que se ha dictado el laudo; de manera que por más que VIVEROS ANDRÉS S.L. pudo legítimamente esgrimir ante el árbitro la nulidad de la cláusula séptima, sometiéndolo a su decisión, no puede sin embargo pretender la nulidad del laudo por haber aplicado dicha cláusula. No hay contradicción alguna, sino una dualidad de planos que han de distinguirse con nitidez: el plano de la selección de la norma aplicable y su resistencia frente a pactos contractuales que vayan contra la misma (objeto de la controversia) y el plano de las muy limitadas razones que pueden justificar la nulidad de un laudo arbitral, que de ninguna manera incluyen la contravención, sin más, de una norma imperativa. En definitiva, aunque tuviéramos que convenir que la cláusula séptima del contrato de arrendamiento era nula, de ahí no se derivaría automáticamente la nulidad del laudo [...]».

La jurisprudencia civil ha venido definiendo el orden público, siendo una de las últimas, la **sentencia del Tribunal constitucional 65/2021, de 15 de marzo, (BOE núm. 97, de 23 de abril de 2021)**, ECLI:ES:TC:2021:65 que señala:

> «[…]El tribunal declara en la STC 46/2020, de 15 de junio (BOE núm. 196, de 18 de julio de 2020) ECLI:ES:TC:2020:46 que "por orden público material se entiende el conjunto de principios jurídicos públicos, privados, políticos, morales y económicos, que son absolutamente obligatorios para la conservación de la sociedad en un pueblo y en una época determinada (SSTC 15/1987, de 11 febrero; 116/1988, de 20 junio, y 54/1989, de 23 febrero), y, desde el punto de vista procesal, el orden público se configura como el conjunto de formalidades y principios necesarios de nuestro ordenamiento jurídico procesal, y solo el arbitraje que contradiga alguno o algunos de tales principios podrá ser tachado de nulo por vulneración del orden público. Puede decirse que el orden público comprende los derechos fundamentales y las libertades garantizados por la Constitución, así como otros principios esenciales indisponibles para el legislador por exigencia constitucional o de la aplicación de principios admitidos internacionalmente" […] (FJ 4)».

Señala en concreto y respecto al Derecho de familia la sentencia de la Audiencia Provincial de Granada n.º 157/2008, de 8 de abril: […]

> «En Derecho de Familia las normas que lo regulan, al igual que el Derecho de las Personas, tienen, por lo general, la consideración de orden público, o, en otras palabras, los derechos de familia son, por lo común, inalienables, intransmisibles, irrenunciables e imprescriptibles, lo que significa la no arbitrabilidad de las cuestiones relativas al matrimonio, paternidad, filiación, alimentos, relaciones paterno-filiares, tutela etc […]».

La Ley 50/1981, de 30 de diciembre, reguladora del Estatuto Orgánico del Ministerio Fiscal, prescribe en su art. 3, que corresponde al Ministerio Fiscal:

> 6. Tomar parte, en defensa de la legalidad y del interés público o social, en los procesos relativos al estado civil y en los demás que establezca la ley.
> 7. Intervenir en los procesos civiles que determine la ley cuando esté comprometido el interés social o cuando puedan afectar a personas menores, incapaces o desvalidas en tanto se provee de los mecanismos ordinarios de representación.
> 9. Velar por el cumplimiento de las resoluciones judiciales que afecten al interés público y social.

La Ley de Enjuiciamiento Civil (LEC), por su parte, contempla esta intervención preceptiva del Ministerio Fiscal en todos los procesos sobre capacidad, filiación, matrimonio y menores del Título I del Libro IV (art. 749 LEC), por lo que lo convierte en materia exclusiva de la jurisdicción.

De lo anteriormente señalado, observamos que hay determinadas materias por exclusión, que los cónyuges, en el ejercicio de su autonomía privada, pueden resolver, si fuera su interés, por la vía del arbitraje, como son los conflictos relativos a los efectos patrimoniales derivados de la crisis matrimonial, tales como la liquidación y adjudicación de los bienes gananciales, los negocios jurídicos celebrados entre los cónyuges para regular sus relaciones personales y patrimoniales durante la separación de hecho —siempre que no ataña a las ya mencionadas materias de orden público— (STS N.º 708/2002, de 8 de julio, ECLI ES:TS:2002:5053). También la SAP de A Coruña n.º 428/2015, de 9 de diciembre (cendoj: 15078370062015100844), admite la posibilidad y validez de los negocios jurídicos de familia celebrados entre los cónyuges:

> «[...] siempre que se refieran a materias que se encuentren dentro de su esfera privada de disposición, y siempre claro está, que concurran los requisitos de validez de todo contrato previstos en el art. 1261 del CC».

Y, en general, cualquier controversia de índole patrimonial, que podrían ser, por ejemplo, la responsabilidad de los bienes sociales por deudas privativas de los cónyuges o someter a arbitraje las diferencias que surjan en relación a sus bienes y derechos.

La reciente sentencia del Tribunal Supremo, Roj: **STS 879/2023 - ECLI:ES:TS:2023:879** fija con claridad la disponibilidad de las partes para determinadas materias y los límites de dichos pactos:

> «[...] La jurisprudencia de la sala ha venido admitiendo con amplitud el juego de la autonomía de la voluntad en el ámbito de las relaciones económicas entre las personas casadas, a las que se reconoce el poder de autorregulación de sus propios intereses cuando se trata de materias disponibles. Ello de conformidad con el principio de libertad contractual (art. 1255 CC) y la libertad de contratación entre los esposos, que desde 1981 consagra el art. 1323 CC, en la línea con los principios constitucionales de libertad (art. 1 CE), igualdad (art. 14 CE) y libre desarrollo de la personalidad (art. 10). Con carácter general, además de las sentencias citadas por el recurrente, la sala ha dictado otras que han reconocido la validez y eficacia de pactos entre los esposos o entre los futuros esposos. Entre las más recientes, las sentencias 428/2022, de 30 de mayo, 315/2022, de 20 de abril, 130/2022, de 21 de febrero, y 59/2022, de 31 de enero, y las que se citan en ellas.
>
> En el caso que debemos resolver, la renuncia por los futuros esposos a los derechos y acciones que pudieran corresponderles en el momento de divorcio se introdujo de manera preventiva en unas capitulaciones matrimoniales, junto al contenido típico referido al establecimiento de un régimen económico matrimonial de separación de bienes (art. 1325 CC).
>
> Nos encontramos, por tanto, ante unos pactos en previsión de una crisis matrimonial, plenamente admisibles como negocios de familia siempre que se cumplan los requisitos de los contratos (en especial, art. 1261 CC) y que respeten los límites infranqueables que resultan de la Constitución y del resto del ordenamiento (arts. 1255 y 1328 CC), en el entendido de que el orden público como límite a la autonomía de la voluntad para la ordenación de los efectos de la crisis matrimonial se identifica sustancialmente con los principios y valores constitucionales. Así, seña-

ladamente, los pactos no pueden romper la igualdad jurídica en la posición de los esposos, dando lugar a situaciones de sumisión en lo personal o en lo patrimonial, ni excluir la libertad personal de permanecer o poner fin a la relación matrimonial (art. 32 CE), ni ser contrarios al interés de los hijos menores (art. 39 CE). Tampoco pueden contravenir normas imperativas, como la renuncia a alimentos futuros, cuando procedan».

Aspectos patrimoniales y la sociedad de gananciales

Como ya hemos indicado, la legislación española a día de hoy, en atención al orden público y las materias sobre las que se permite transaccionar a las partes en Derecho de familia, nos deja con las materias casi exclusivamente de ámbito patrimonial, como serían la liquidación del régimen económico patrimonial, la compensación por contribución a las cargas del matrimonio (art. 1438 Código Civil), los convenios prematrimoniales, las capitulaciones matrimoniales, los acuerdos de gestión y/o administración de los bienes gananciales, y un largo etcétera pero, siempre y exclusivamente, de contenido patrimonial.

Volviendo a la ya mencionada sentencia del Tribunal Supremo, **Roj: STS 879/2023 - ECLI:ES:TS:2023:879**, y con relación a la compensación por desequilibrio de uno de los cónyuges (art. 97 Cc) y compensación por el trabajo para la casa (art. 1438 Cc), señala:

«[…] En la regulación del Código civil la compensación por desequilibrio y la compensación por el "trabajo para la casa" tienen carácter disponible, tanto en su reclamación, que puede renunciarse, como en su configuración. Ambas se conceden solo a petición de parte y su determinación judicial debe hacerse teniendo en cuenta los acuerdos a que hubieran llegado los cónyuges (art. 97 CC, para la compensación por desequilibrio), o a falta de acuerdo entre los cónyuges (art. 1438 CC, para la compensación por el trabajo doméstico). Los acuerdos sobre estos derechos, y en particular, los que incluyen su renuncia, pueden formar parte de convenios reguladores de la crisis matrimonial que, de conformidad con lo dispuesto en el art. 90.2 CC, "serán aprobados por el juez salvo si son dañosos para los hijos o gravemente perjudiciales para uno de los cónyuges". Se introduce así con carácter excepcional un denominado "control de lesividad" que resultaría también aplicable a los pactos prematrimoniales que incluyan contenido propio de un convenio regulador. Por la excepcionalidad con la que se regula, es evidente que la lesividad no puede apreciarse sin más por el hecho de que se renuncie a derechos que corresponderían legalmente en caso de no existir renuncia, pero que se configuran por el legislador como derechos disponibles.

Partiendo del respeto a la autonomía de la voluntad de los cónyuges, la validez de sus acuerdos exige la formación libre del consentimiento. […] y en este sentido es significativo que en la escritura el notario hiciera constar lo siguiente: "manifiestan asimismo los señores comparecientes, aun advertidos por mí, (el notario) de la trascendencia y contundencia de este pacto, que quieren pactar, y en efecto pactan, que, en caso de disolución, divorcio o nulidad del matrimonio proyectado nada se reclamarán el uno al otro por ningún concepto o acción que pudiera generarse por razón del matrimonio, la convivencia, gastos, bienes, derechos u obligaciones matrimoniales, independientemente de la cuantía de los ingresos de cada uno de ellos. A excepción de las acciones que amparen a los hijos comunes, en su caso".

Partiendo por tanto de un consentimiento libre y consciente, en el caso debemos rechazar que pueda apreciarse, por el contenido del pacto y su objeto, referido a derechos patrimoniales disponibles, algún límite a la autonomía privada que permita considerar que es lesivo. Como hemos dicho, para ello no es suficiente que en el momento de la disolución del matrimonio concurran los presupuestos para el reconocimiento de los derechos a que se ha renunciado, porque precisamente esa es la finalidad del pacto que los futuros esposos quisieron libremente por entender que así convenía a sus intereses. En la escritura no se exoneró al futuro esposo de contribuir a las cargas del matrimonio y ambos se reconocieron "la suficiente formación y cualificación profesional como para poder ejercer una actividad profesional que les permita satisfacer a día de hoy sus necesidades privativas de manera independiente, así como cooperar, de manera proporcional a sus respectivos recursos económicos, al sostenimiento de los gastos comunes y cargas del matrimonio". En el momento de celebrarse el pacto, por tanto, partiendo del reconocimiento de la cualificación y capacidad de ambos, y en consecuencia de la posibilidad de obtención de ingresos propios y de la voluntad de mantener esa situación independientemente de la cuantía de sus patrimonios, la renuncia preventiva no puede considerarse lesiva para la esposa. [...]».

La sociedad de gananciales

El artículo 1.344 del Código Civil regula la sociedad de gananciales como el régimen económico general de los cónyuges, a falta de capitulaciones matrimoniales que lo modifiquen y supone que ambos cónyuges aportan a dicha sociedad común *las ganancias* obtenidas durante la vigencia de dicho régimen matrimonial (es decir, hasta declaración de nulidad, separación, divorcio, fallecimiento de uno de los cónyuges o firma de capitulaciones matrimoniales). Finalizado dicho régimen, se dividirá por mitad ese patrimonio común, con independencia de quién generara dichas ganancias.

En lo que nos afecta a este trabajo, dentro de este régimen, y habida cuenta que en el régimen de gananciales se presupone que en la administración de los bienes y las decisiones de administración existe el consentimiento tácito de ambos cónyuges (con determinadas excepciones), estos pueden acordar que, en caso de discrepancia en la forma de administración o gestión de los bienes comunes, decida un árbitro, mediante un convenio de sometimiento arbitral para la interpretación de los acuerdos de gestión o administración previamente adoptados por los cónyuges, o en caso de (a modo de ejemplo) Imposibilidad temporal o negativa de uno de los cónyuges en actos de administración de los bienes, actos de disposición a título oneroso o título gratuito llevados a cabo sin el consentimiento expreso o tácito de la otra parte, etc... evitando la vía jurisdiccional que es tremendamente más lenta y costosa.

No es necesario que exista un convenio expreso o escrito para ello, puesto que las partes (cónyuges en este caso) de común acuerdo pueden decidir, en el momento en que surja la controversia, someterse a arbitraje para ese concreto conflicto o bien pactar que para todos los conflictos o divergencias de posturas que puedan surgir durante el matrimonio en la gestión o administración del patrimonio común que forme parte de la sociedad de gananciales, se someterán a arbitraje (ya sea institucional o *ad hoc*), y decidir someterse así a la decisión de un tercero.

Es cierto que esta opción no es muy habitual en España, pero nada impide siendo el conflicto de gestión o administración del patrimonio común someterlo a arbitraje con el consentimiento —eso sí, debe ser expreso aunque no escrito necesariamente— de ambos cónyuges y las limitaciones del Código Civil para la resolución por el árbitro, como las del art. 1325 y siguientes, que señalan como limitaciones el respeto al principio de igualdad entre los cónyuges, la posibilidades de libertad y libre desarrollo personal, el cumplimiento de los deberes conyugales y los derechos adquiridos por terceros, en el caso de capitulaciones postnupciales.

La liquidación de la sociedad de gananciales

La liquidación de la sociedad de gananciales se producirá, como hemos dicho, con posterioridad a la disolución de la sociedad (por nulidad, separación, divorcio, fallecimiento de una de las partes o acuerdo de los cónyuges vigente el matrimonio para adoptar otra régimen económico distinto en cuyo caso siempre y necesariamente constará en escritura pública), y consistirá dicha liquidación en las operaciones tendentes a determinar el patrimonio común (activo y pasivo que forma la sociedad de gananciales), que será la fase de inventario, y una vez pagadas las deudas, atribuir a cada parte su mitad de dicho patrimonio común (fase de liquidación propiamente dicha).

Es importante resaltar la ubicación en el código civil de la regulación de la Sociedad de gananciales a estos efectos, dentro del libro Cuarto: De las Obligaciones y Contratos, es decir, que se regirá por la voluntad de las partes, y con ello, cabrá el sometimiento al arbitraje de todos los conflictos que puedan surgir de la vida de la sociedad conyugal (con las limitaciones evidentes a lo que no sea patrimonial, a las obligaciones como cónyuges fijadas por el código civil ya expuestas y la disolución misma, que solo podrá declararse por documento público) e incluso, cabría el acuerdo de la regulación previa de la forma de liquidar la sociedad en caso de divorcio o separación, con las reglas para llevarla a cabo y/o el sometimiento a arbitraje en caso de conflicto en la interpretación de dichos acuerdos anteriormente adoptados por las partes.

Aun no existiendo el acuerdo previo o detallado en la forma de liquidación, es evidente, por su contenido, que las operaciones de liquidación de la sociedad pueden llevarse a cabo vía arbitraje si es esa la voluntad de las partes, lo que, por otra parte, y desde nuestro punto de vista, beneficiaría y mucho a la resolución del resto de conflictos que surgen tras una separación o divorcio, donde los temas no patrimoniales, en la práctica, suelen verse enturbiados por estos temas de contenido patrimonial, aunque nada tengan que ver.

El **artículo 402** del código civil, señala:

«La división de la cosa común podrá hacerse por los interesados, o por árbitros o amigables componedores nombrados a voluntad de los partícipes.

En el caso de verificarse por árbitros o amigables componedores, deberán formar partes proporcionales al derecho de cada uno, evitando en cuanto sea posible los suplementos a metálico».

Capitulaciones matrimoniales y su arbitrabilidad

Las capitulaciones matrimoniales son un contrato entre los cónyuges o futuros cónyuges donde fijan las normas económicas que regirán su matrimonio. Pueden suscribirse válidamente por las partes con carácter previo al matrimonio, como ya hemos indicado (siempre que se contraiga matrimonio en el año posterior a otorgarlas) o durante el matrimonio (a fin de estipular, modificar o sustituir el régimen económico de su matrimonio o cualesquiera otras disposiciones por razón del mismo). Conforme establece el Código civil y respecto a su contenido, señala que «será nula cualquier estipulación contraria a las leyes o a las buenas costumbres o limitativa de la igualdad de derechos que corresponda a cada cónyuge» (art. 1328 Cc). La invalidez de las capitulaciones matrimoniales se regirá por las reglas generales de los contratos, no perjudicando nunca a terceros de buena fe las consecuencias de la anulación.

En las capitulaciones matrimoniales se pueden establecer los criterios y pactos para liquidar los bienes adquiridos en común, una vez se disuelva el régimen económico matrimonial, manifestaciones que detallen la naturaleza de los bienes, el carácter privativo o ganancial (reconocimiento de gananciialidad o confesión de privacidad de determinados bienes), etc… todo ello normas o manifestaciones que las partes acuerdan y sirvan a la hora de la liquidación en caso de ruptura matrimonial. Las limitaciones en este punto a la libre disposición de las partes en estos pactos existen, por razón de la materia, como por ejemplo el caso de la vivienda familiar si hubiera hijos menores de edad, atribución por acuerdo previo de las partes o pactos sobre la capacidad de disponer de la misma de uno solo de los cónyuges, los alimentos, custodia de los menores, todo ello regulado por el código civil, y en defensa del interés superior del menor o incluso en interés de una de las partes de ser la más necesitada de protección, lo que haría inválido cualquier pacto en ese sentido.

Dentro de este ámbito de autonomía de la voluntad permitido a las partes, igualmente cabe el sometimiento de las controversias en materia patrimonial, interpretación de los acuerdos o ejecución de los mismos a arbitraje, y ello se lograría con la mera inclusión que una cláusula de sometimiento general, como la que ofrece la **Asociación Europea de Arbitraje**:

> «Toda controversia derivada de este contrato o convenio o que guarde relación con él —incluida cualquier cuestión relativa a su existencia, validez, terminación, interpretación o ejecución— será resuelta definitivamente mediante arbitraje [de Derecho/equidad], administrado por la Asociación Europea de Arbitraje, de conformidad con su Reglamento de Arbitraje vigente a la fecha de presentación de la solicitud de arbitraje. El Tribunal Arbitral que se designe a tal efecto estará compuesto por [tres/un único] árbitro[s] y el idioma del arbitraje será el [español/otro]. La sede del arbitraje será [ciudad + país]…».

8. Uniones de hecho

Distinciones legales y arbitraje en uniones de hecho

Es importante señalar que, a día de hoy, una pareja de hecho no tiene la misma protección jurídica que un matrimonio, por eso, es muy aconsejable llegar a acuerdos familiares y económicos por escrito que regulen la relación y, sobre todo, la ruptura de la pareja, y es en este punto y ámbito donde el arbitraje puede pactarse como medio de solución de los conflictos que puedan surgir, o incluso como medio para resolver o liquidar conforme a lo pactado por las partes.

En este contexto, cuando nos referimos a pareja de hecho, nos vamos a referir también a una unión de hecho (unión no inscrita en un Registro de Parejas de hecho), entendiendo en ambos casos a las personas que convivan en pareja de forma libre, pública y notoria, vinculadas de forma estable al menos durante un período ininterrumpido de doce meses, existiendo una relación de afectividad análoga al matrimonio.

El Tribunal Supremo, en innumerables de sus Sentencias, ha venido sosteniendo que las parejas de hecho o uniones de hecho, al no estar reguladas de forma expresa en el ordenamiento jurídico, tienen carácter alegal y ajurídico, que no ilegal y antijurídico, y por ello, «producen o pueden producir una serie de efectos…», pero nunca, los mismos efectos que el matrimonio. Entre estas, la STS 1040/2008, 30 de octubre de 2008 (FD. TERCERO):

> «[…] Paralelamente a lo anterior, la misma doctrina jurisprudencial, en línea con la del Tribunal Constitucional, se ha preocupado de precisar que la unión de hecho es una institución que nada tiene que ver con el matrimonio —sentencias de 12 de septiembre de 2005 y de 19 de octubre de 2006, y sentencias del Tribunal

Constitucional 184/90 y 222/92, por todas—, aunque una y otra se sitúen dentro del derecho de familia. Aun más: hoy en día —como dice la sentencia de 12 de septiembre de 2005—, con la existencia del matrimonio homosexual y el divorcio unilateral, se puede proclamar que la unión de hecho está formada por personas que no quieren, en absoluto, contraer matrimonio con sus consecuencias.

Es, pues, esa diferencia entre la unión de hecho y el matrimonio, y la voluntad de eludir las consecuencias derivadas del vínculo matrimonial que se encuentra ínsita en la convivencia "more uxorio", la que explica el rechazo que desde la jurisprudencia se proclama de la aplicación por "analogía legis" de las normas propias del matrimonio, entre las que se encuentran las relativas al régimen económico matrimonial; lo que no empece a que puedan éstas, y, en general, las reguladoras de la disolución de comunidades de bienes o de patrimonios comunes, ser aplicadas, bien por pacto expreso, bien por la vía de la "analogía iuris" —como un mecanismo de obtención y de aplicación de los principios inspiradores del ordenamiento a partir de un conjunto de preceptos y su aplicación al caso no regulado—, cuando por "facta concludentia" se evidencie la inequívoca voluntad de los convivientes de formar un patrimonio común (Sentencias de 22 de febrero y de 19 de octubre de 2006), pues los bienes adquiridos durante la convivencia no se hacen, por ese mero hecho, comunes a los convivientes, sino que pertenecen a quien los ha adquirido, salvo que, de forma expresa o por medio de hechos concluyentes se evidencie el carácter común de los mismos (Sentencia de 8 de mayo de 2008)».

Como se recuerda en la Sentencia de 19 de diciembre de 2006 —a la que alude la de fecha 8 de mayo de 2008, antes mencionada—, la doctrina jurisprudencial se ha referido a las mismas como familia natural —sentencia de 29 de octubre de 1997—, situación de hecho con trascendencia jurídica —sentencia de 10 de marzo de 1998—, realidad ajurídica con efectos jurídicos —sentencia de 27 de marzo de 2001—, o como realidad social admitida por la doctrina del Tribunal Constitucional y la jurisprudencia del Tribunal Supremo —sentencia de 5 de julio de 2001—. En las sentencias de 17 de enero de 2003 y de 5 de febrero de 2004, recogiendo la doctrina sentada en anteriores resoluciones, se destaca el carácter alegal y ajurídico, que no ilegal o antijurídico, de las uniones de hecho, que producen o pueden producir una serie de efectos con trascendencia jurídica que no son ignorados por el jurista en general ni por el Juez en particular, y que deben ser resueltos con arreglo al sistema de fuentes del Derecho. Y se ha destacado también —cfr. sentencias de 17 de enero de 2003 y de 12 de septiembre de 2005, esta última de Pleno— que se encuentran afectadas por principios de rango constitucional, y en particular, por la libertad como valor superior del ordenamiento jurídico —artículo 1.1 de la Constitución—, que obliga a los poderes públicos a promover las condiciones para su realidad y efectividad —artículo 9.2 de la Constitución— y justifica, como se precisa en la sentencia de 12 de septiembre de 2005, que el Título relativo a los derechos y deberes fundamentales tenga como pórtico la dignidad de la persona, el libre desarrollo de la personalidad y el respeto a la ley y a los derechos de los demás —artículo

10.1 de la Constitución— sin olvidar el principio de igualdad que impide todo trato discriminatorio —artículo 14 de la Constitución— y la expresa protección a la familia —artículo 39.1 de la Constitución—, no solo la fundada en el matrimonio, sino también en la convivencia «more uxorio».

Respecto a los hijos, en las rupturas de la pareja (matrimonial o *more uxorio*) siempre se deberá actuar del mismo modo, regulando mediante un convenio regulador las medidas relativas a los hijos comunes, podrá ser de común acuerdo o impuesto por un juez, pero siempre habrá de ser vía judicial y con el Visto bueno del Ministerio Fiscal como ya hemos expuesto, sin excepción, al tratarse de materia no disponible para las partes.

Respecto a los pactos que sí puede formalizar una pareja de hecho, estos serán referidos a las relaciones económico-patrimoniales durante la convivencia y/o para el momento de la disolución. Estos pactos podrán regularse por la pareja mediante un convenio regulador que regule su situación económica y jurídica, llegar a pactos sobre la adquisición de bienes, el porcentaje de titularidad de los bienes adquiridos mientras la pareja de hecho esté unida, pactos varios sobre la vivienda común, los ingresos de las partes, o los comunes, o el pago de deudas, y un largo etcétera, dentro del ámbito económico financiero que rija sus relaciones. Es importante señalar que el único modo en que rijan para la pareja de hecho estos acuerdos será por pacto expreso de las partes, puesto que, en ausencia de pacto o hechos concluyentes, se entenderá a todos los efectos adquiridos por cada uno para sí mismos.

9. Perspectiva internacional del arbitraje en Derecho de Familia

Ámbito internacional y consideraciones especiales

Ya hemos hablado de las ventajas que presenta el arbitraje frente a la vía jurisdiccional ordinaria (mayor especialización del árbitro, mayor participación de las partes en la resolución de los conflictos, simplificación de formalidades, menor tiempo en la resolución, lo que conlleva que las partes puedan eliminar de la conflictividad el tema patrimonial y puedan centrarse en otros aspectos de la relación personal y familiar). A estas ventajas hay que sumarle la facilidad de reconocer el laudo arbitral con independencia del lugar en el que este haya sido dictado, y esta última ventaja mencionada es de trascendental importancia en la actualidad, donde el elemento internacional o extranjero es cada vez más común, ya sea en lo subjetivo (las partes, y sus diferentes nacionalidades) como en lo patrimonial.

Es precisamente tanto las ventajas enumeradas como el elemento extranjero en el ámbito familiar lo que ha llevado a diferentes países o Estados a promulgar leyes específicas para regular esta materia. En este sentido podemos señalar a Canadá o Estados Unidos, admitiendo este último en casi todos los estados la arbitrabilidad de todo incidente o controversia en torno al divorcio, con excepción del vínculo matrimonial.

En 2009, en el asunto *Fawzy vs. Fawzy la Corte Suprema de Nueva Jersey* estableció que la autonomía de la voluntad de los progenitores incluye el derecho de someter a arbitraje cualquier disputa de naturaleza familiar, incluyendo las relativas a la custodia de los menores. La Juez Virginia Long, sostuvo que «dentro de la esfera constitucionalmente protegida de la autonomía parental está el derecho de los padres a elegir el foro en el que se resolverán sus disputas sobre la custodia y crianza de los hijos, incluido el arbitraje».

Precisamente, establece que el derecho inherente de los progenitores de tomar decisiones con respecto a la custodia, la educación o la salud, no se extingue por el mero hecho de que el matrimonio se acabe.

Es interesante este caso en concreto, por comparacióWn con la legislación española y los límites que existen en cuanto a las materias susceptibles de arbitraje en derecho de familia. En *Fawzy vs Fawzy*, las partes acordaron utilizar el arbitraje vinculante para resolver todos los asuntos de su caso de divorcio. Durante el proceso de arbitraje, el esposo quería evitar que el árbitro decidiera la custodia de los hijos, argumentando que hacerlo privaría a los tribunales de Nueva Jersey de la doctrina *parens patriae*, que requiere que el tribunal actúe en el mejor interés del niño. Un tribunal de primera instancia no estuvo de acuerdo, posteriormente el tribunal de apelaciones revirtió y el caso finalmente llegó a la Corte Suprema de Nueva Jersey, donde la jueza de la Corte Suprema de Nueva Jersey, Virginia Long, resolvió que el sometimiento a arbitraje como foro elegido para resolver las disputas de los cónyuges era perfectamente válido, incluso para las materias relativas a crianza y custodia de menores.

Tras años de estudio sobre la necesidad de legislar en materia de arbitraje en conflictos familiares, en 2016, la Uniform Law Commission (ULC) ha trabajado por la uniformidad de las leyes estatales estadounidenses desde 1892. Es una asociación sin fines de lucro, y es la asociación gubernamental estatal más antigua del país, la ULC es la fuente de más de 300 actos que aseguran la uniformidad de la ley estatal cuando leyes diferentes socavan los intereses de los ciudadanos en todo Estados Unidos, La ULC continúa su importante trabajo en el derecho de familia, enfocando la atención legislativa en estatutos tan importantes como la Ley Uniforme de Cumplimiento y Jurisdicción de Custodia de Menores, la Ley Uniforme Interestatal de Apoyo a la Familia, la Ley Uniforme de Ejecución Interestatal de Órdenes de Protección contra la Violencia Doméstica y la Ley Uniforme de Prevención de Secuestro de Menores entre otras.

La ULC aprobó la Uniform Family Law Arbitration Act (UFLAA), la cual admite la arbitrabilidad de cualquier disputa que pueda surgir en el ámbito del Derecho de Familia de cada Estado Federal. En lo que a los conflictos relacionados con menores se refiere, la UFLAA cubre la arbitrabilidad de cuestiones relacionadas con la custodia, la responsabilidad parental, el derecho de visita o las aportaciones económicas de cada progenitor.

Efectivamente, el texto contiene numerosas garantías para asegurar que el árbitro aplica la ley debidamente y protege el interés superior del menor, entre las que se encuentra la revisión judicial del laudo (a diferencia de la revisión judicial de los laudos en materia mercantil, que es mucho más limitada)[3].

Este podría ser, en nuestra opinión, hacia dónde deberíamos dirigirnos en la legislación española respecto al arbitraje en derecho de familia, con árbitros especializados en la materia, eliminando o al menos reduciendo el colapso de los juzgados de familia existente en España, y disminuyendo los plazos de resolución de las controversias, lo que llevaría, evidentemente, a una menor conflictividad al evitar procesos abiertos de divorcio sin resolución, alargados en el tiempo con el coste emocional y personal que siempre supone, permitiendo, como si de un arbitraje especial se tratara, con su propia regulación, la revisión judicial en el caso de menores, si bien parece que a esto no llegaremos en España en los próximos años, sí debería ser una meta a la que dirigirnos.

Reconocimiento de sentencias extranjeras

Al hilo de lo anterior, es preciso señalar —brevemente— la situación de laudos extranjeros que hayan de aplicarse en España o ejecutarse en España.

La Ley de Arbitraje, contempla en su Artículo 46 el Carácter extranjero del laudo y las normas aplicables, señalando que se entiende por laudo extranjero el pronunciado fuera del territorio español, y la normativa que será de aplicaciónl execuátur de laudos extranjeros, al señalar que se regirá por el Convenio sobre reconocimiento y ejecución de las sentencias arbitrales extranjeras, hecho en Nueva York, el 10 de junio de 1958, sin perjuicio de lo dispuesto en otros convenios internacionales más favorables a su concesión, y se sustanciará según el procedimiento establecido en el ordenamiento procesal civil para el de sentencias dictadas por tribunales extranjeros.

En atención a lo anterior, observamos que la atiene a un criterio geográfico o territorial para calificar un laudo arbitral como extranjero, así pues, debemos entender igualmente que, aunque el arbitraje sea internacional, si se

---

3 Extractado de la autora Eneritz ESPERILLA ACUÑA, artículo «el arbitraje en el derecho de familia» https://www.jovenesjuristas.es/blog/el-arbitraje-en-el-derecho-de-familia

dicta en España será considerado nacional español, siendo, así, la «sede» del arbitraje la que decida el carácter extranjero o no del laudo.

Cuando el laudo no sea nacional, de pretenderse el reconocimiento y ejecución del mismo en nuestro país, será requisito imprescindible en primer lugar, solicitar la homologación o reconocimiento del mismo conforme execuátur, procedimiento regulado en la Ley de Enjuiciamiento Civil, en sus artículos 951 y ss.

Como normas reguladoras del arbitraje familiar internacional, tendremos tanto la propia Ley de Arbitraje, como el Convenio de Nueva York, de 10 de junio de 1958 (CNY), que la L.A. ha integrado en nuestro derecho común debido al carácter universal que posee este convenio en nuestro país, ya que España no adoptó la posibilidad de limitar el ámbito de aplicación a los laudos dictados o pronunciados en el territorios de otros Estado contratantes del CNY, así pues, el CNY se aplica en España —incluso sin reciprocidad— a laudos o sentencias arbitrales extranjeras procedentes de todos los países, con independencia de que estos sean o no parte del Convenio, y de todas las materias, puesto que España tampoco formuló la «reserva comercial» de aplicación del Convenio.

El caso particular de arbitraje sucesorio o testamentario

En una sucesión con una pluralidad de interesados cuyo acuerdo unánime sea preciso obtener no es difícil que surjan problemas y controversias. Estos problemas, que han existido siempre, se ven hoy acentuados por el debilitamiento de la familia tradicional, y la aparición con más frecuencia de fenómenos como segundas o terceras nupcias, hijos de padres o madres diferentes, y otras situaciones donde los recelos, a veces atizados por terceros, se multiplican.

El Arbitraje Testamentario se trata del Arbitraje instituido por la sola voluntad del testador. Con el arbitraje testamentario lo que se persigue es evitar que los herederos vayan a los tribunales resolviendo las diferencias que surjan entre herederos no forzosos y legatarios, aplicándose ante cualquier controversia que se pueda generar en la interpretación del cumplimiento de la última voluntad del testador. Este procedimiento afecta a las diferencias surgidas o que puedan surgir tanto respecto a la administración, como al posterior reparto de la herencia.

Lo que hace este tipo de arbitraje tan peculiar y digno de mención aparte, es que el arbitraje testamentario no puede ser rechazado por las partes, es decir, las partes (herederos y legatarios) están obligadas a someter cualquier conflicto de índole hereditario a arbitraje, de manera que podríamos decir que el arbitraje testamentario viene a ser un tipo de arbitraje forzoso, más aún, un arbitraje (el único) que excluye la voluntad de sometimiento de una de las partes al mismo.

Está regulado por el artículo 10 de la Ley de Arbitraje, que señala que:

«También será válido el arbitraje instituido por disposición testamentaria para solucionar diferencias entre herederos no forzosos o legatarios por cuestiones relativas a la distribución o administración de la herencia».

Como veremos la intención del legislador fue excluir a los herederos forzosos, por lo que los legitimarios, a tenor del artículo 10 L.A. quedan excluidos del arbitraje testamentario.

Arbitraje testamentario *vs.* arbitraje sucesorio

El testamentario es una modalidad del arbitraje sucesorio y su especialidad viene dada porque se instituye de forma unilateral en vía testamentaria, ya que es la ausencia de convenio entre quienes van a ser parte en el procedimiento arbitral, a los que se impone la voluntad del testador, lo que lo define. Está instituido por la sola voluntad del testador, no como una modalidad de arbitraje forzoso y guarda una similitud con el arbitraje estatutario.

En el arbitraje testamentario no se requiere la previa formalización de un convenio arbitral, de carácter bilateral. La excepcionalidad está en que se aparta del Régimen General de la Ley de Arbitraje que requiere la existencia de un convenio arbitral para que el proceso pueda formalizarse.

Por el contrario, el arbitraje sucesorio se entiende aquel arbitraje formalizado o acordado entre los sucesores que van a ser parte de un procedimiento arbitral, destinado a resolver una controversia sobre la herencia a la que están llamados. En este caso, los sucesores pactan la cláusula de arbitraje, incluso cabe pactarlo antes de que se produzca el fallecimiento del causante, sin que ello implique pacto alguno sobre la herencia futura.

La mayoría de la doctrina está de acuerdo en que es válido el pacto entre los herederos futuros, es decir, sobre una herencia no causada todavía, porque la persona a la que se refiere aún vive y que tal acuerdo no constituye un pacto sucesorio sobre la herencia de un posible tercero, sino solo una previsión a través de la cual en un futuro pueda resolverse una hipotética controversia sobre la herencia a partir de la defunción.

La partición arbitral

La distribución de los bienes hereditarios entre los coherederos (la partición), puede llevarse a cabo de distintas maneras, y aunque en la práctica es escasamente frecuente, cabe también realizar la partición recurriendo al procedimiento arbitral conforme a lo establecido en la Ley 60/2003, de 23 diciembre, de Arbitraje, bien porque todos los interesados celebran el correspondiente convenio arbitral, o bien porque así lo haya previsto el testador.

Este último caso (arbitraje dispuesto por testador) es el que se contempla en el art. 10 de la mencionada Ley de Arbitraje.

10. Conclusión

De lo expuesto en este trabajo, entendemos que el Arbitraje es una solución eficaz y eficiente a los problemas que ahora mismo se presentan en la vía jurisdiccional, no solo en derecho de familia, sino en todo ámbito o materia susceptible de transacción por las partes, e incluso en las no transaccionales cabría el arbitraje para la interpretación de los acuerdos adoptados por las partes, lo que evitaría el colapso de los juzgados en general al resolver innumerables conflictos entre las partes con los mismos efectos que la jurisdicción ordinaria (una resolución con efecto de cosa juzgada, ejecutable), y mayor disponibilidad para el proceso por las partes, la confidencialidad, junto a la reducción de costes y plazos, reduciendo no solo el tiempo de respuesta al conflicto, sino, precisamente por lo anterior, reduciendo la carga emocional que pueda acarrear el mismo en otras esferas de las relaciones entre las partes, lo que, en derecho de familia, suele ser —dicha carga emocional— el principal escollo para lograr acuerdos entre las partes en otras materias.

Desde la Asociación Europea de Arbitraje (www.asociacioneuropeadearbitraje.org) asesoramos y promovemos como solución alternativa de los conflictos el arbitraje, proponiendo la introducción en todo contrato nuestra cláusula de sometimiento, o aceptando ambas partes el sometimiento a nuestra Corte para la resolución de sus controversias, apostando siempre por la profesionalización y especialización de nuestros servicios de arbitraje, con el objetivo de ofrecer a las partes la posibilidad de solucionar sus controversias de manera rápida, fiable, segura y económica.

Tel: 91 432 28 00 | web@asociacioneuropeadearbitraje.org

2

MEDIACIÓN Y LAZO SOCIAL

Daniel J. Bustelo Eliçabe

1. Introducción a la Mediación y el Lazo Social

Evolución de la mediación

Desde sus inicios, la mediación tal como la conocemos actualmente, buscaba devolver el protagonismo en la gestión de los conflictos a sus actores. Sobre todo, que cuando el conflicto se judicializa, se convierte en un litigio legal, y esto es sobre lo que puede resolver un Juez.

Esto fue pensado de esta manera, pues la gestión de los mismos desde el sistema judicial no solo es contraversorial, sino además es un sistema de imposición a través de una sentencia dictada por un tercero. Éste podía ser el Juez o el Árbitro. Pero también ocurre esta imposición en otros ámbitos con aquella persona con una autoridad reconocida y legalmente adjudicada para hacerlo. Ejemplos de esto pueden ser el director de escuela, el funcionario de la administración pública con facultades para ello, entre muchos otros.

Rol de la mediación en la justicia restaurativa

En estos sistemas adversariales, la palabra de las partes del conflicto fue siendo sustituida por la de los abogados o abogadas que representan los intereses de sus clientes. En los casos de causas penales, se observó la doble victimización de la víctima al no poder participar directamente en el proceso. Su interés fue reemplazado por el interés del Estado, quien a través del fiscal lo defendía. De allí nace la búsqueda que realiza la justicia restaurativa, utilizando la mediación como forma de lograr esa devolución de la palabra a la víctima.

2. Reflexiones críticas sobre la práctica de la mediación

Autocrítica y adaptaciones de modelos de mediación

¿Por qué se dijo: devolver la palabra a los y las participantes? Es muy interesante aportar una reflexión sobre el uso de este término: palabra.

Comenzaré haciendo una breve autocrítica respecto de los que entiendo fueron mis errores cometidos a lo largo de todos estos años trabajando en Mediación.

Siempre, al iniciar un curso traía el recuerdo de un anónimo atribuido a un profesor que decía: «De todo lo que les enseñe ahora, dentro de 50 años se sabrá que la mitad estaba equivocado, pero ahora no sé cuál es esa mitad».

Pasados estos 40 años ya puedo dar algunas respuestas a este interrogante. Aquí están las más relevantes:

1. No ser consecuente con lo escrito en el *Ensayo: Mediación familiar interdisciplinaria* de 1993. Me deje invadir por los modelos provenientes del mundo anglosajón, que no solo tienen una cultura diferente a la mitad sur de Europa y Latinoamérica, sino que tiene sistemas jurídicos muy distintos. En especial en lo que hace a la posibilidad de los y las letrados y letradas de reunirse con la contraparte y su Asistencia letrada sin la presencia de un taquígrafo. La mediación abrió para ellos y ellas esta posibilidad, que en el sistema codificado continental no hay ningún inconveniente para hacerlo.

2. Estos modelos, Harvard, Circular Narrativo y Transformador, los intenté incorporar con fórceps.

   a) Agregué el estado de pasiones antes del de posiciones para Harvard. Fue una forma de incorporar las emociones en la sala de mediación.

   b) Incluí la reformulación emocional además de la asertiva al modelo circular narrativo y propuse eliminar las *ground rules* o formas de comportarse «educadamente» por el temor que se le tiene a la escalada simétrica y asimétrica en ese modelo. Intenté desarrollar una forma de «hacer» desde el propio modelo que fuera más aplicable a nuestra cultura.

   c) En cuanto al modelo transformador siempre me opuse a la palabra empoderamiento, pues no creo que lo que hay que tener en mediación es poder, pues no se trata de una pelea, sino legitimación propia y hacia los demás.

   d) Todo esto lo plantee tímidamente. No me enfrenté abiertamente a defender lo que yo creía. Claramente me faltó coraje y seguridad.

Desde AIEEF lo intentamos, pero ganó lo políticamente correcto y la negociación con el establishment que finalmente hizo que dejara el espacio libre para que la mediación resultara ser una forma de adaptarnos y no de cuestionar. Esta es mi primer y gran autocrítica.

3. Otro error que intenté solventar en el año 2000, sin éxito, fue escuchar a los abogados y abogadas respecto de sus temores para con la mediación y proponer un discurso que les incluyera en lo que decían y en lo que no decían. Los resultados de dicha tarea, muy útiles, nunca lo pudimos llevar a la práctica. Lo urgente suele no dar tiempo a lo importante. Es algo que debemos retomar y poder mostrarles a los compañeros y compañeras, que además de otra mirada del ejercicio profesional, con la mediación se puede elevar de forma muy importante el valor hora del trabajo profesional.

4. Gracias a varios factores personales y mundiales, como la pandemia, he producido el nuevo libro *Función Mediadora*. Con él intento volver a poner sobre el tapete esta cuestión, rescatar otra forma, más propia, de cómo entender nuestra función. Estos encuentros son parte de ello.

La mediación como un instrumento para la libertad y responsabilidad

Por tanto, abro nuevamente el debate, invito a la autocrítica y a corregir lo que no ayudó, valorar lo que sí hicimos, que es mucho y comenzar a defender los y las mediadoras nuestra creencia originaria de que la mediación es un instrumento para la libertad, para que los mediantes realmente recuperen la palabra y se apropien de sus cuestiones para hacer con ellas lo que quieran y puedan. Una mediación emancipadora y responsable, al decir del Profesor Juan Carlos Vezzulla.

Dejemos de lado el querer hacer «acuerdos» que es lo que nos manda consciente o inconscientemente las leyes, la medición dentro del sistema de justicia y nuestro propio narcisismo, creyendo que ayudamos a resolver conflictos. En el mejor de los casos, ayudaremos a que los mediantes se hagan cargo de sus acciones y palabras y puedan así elegir que quieren hacer en la gestión de la cuestión que les trajo a la mediación.

Estas breves y rápidas reflexiones espero abran resonancias dentro vuestro para poder aportar algo nuevo, algo distinto, pues está visto como lo dice el Proyecto de Ley de Eficiencia Procesal Español, lo que hay hoy no funciona tampoco funcionará haciéndola obligatoria como instancia prejudicial si no cambiamos lo que hacemos y desde donde lo hacemos y con quien lo hacemos.

3. Modelos de mediación y su adaptación cultural

Modelos de Harvard, circular narrativo y transformador

Les había dicho en el punto 2.° que antecede, que había hecho ciertas adaptaciones de los modelos anglosajones para adaptarlos a lo que en aquella época de los 90 llamaba modelo interdisciplinar. Ese nombre luego usado para muchas otras prácticas, fue como dije el título de mi primer libro[1].

Siempre entendí el conflicto como un aspecto complejo del ser humano. Siguiendo a Enrique Picho Riviére, entendí que el ser humano disponía de su sentir, pensar y hacer. Me pareció importante incluir el decir, desdoblándolo del hacer. Aun pareciéndome una propuesta irreverente frente a la genialidad del autor, pensé que el «decir» debía tener un espacio propio en mediación. Este concepto de complejidad planea a lo largo de todo el Ensayo. Carecía de los fundamentos teóricos de los que dispongo actualmente, pero sí sabía desde la práctica y el trabajo con equipos interdisciplinarios que esto era así.

El modelo de Harvard, que fue el primero que me hizo ruido cuando me enfrente a él. Que fácil y tentador era ese discurso de cambiar las posiciones e intereses. ¿Pero que eran las posiciones y porque el ser humano se instalaba en ellas a pesar de que operaba en su contra y en su posibilidad de gestionar los conflictos?

En cuanto a los intereses, ¿que son estos? ¿Los deseos? ¿Son tan conocidos por todos nosotros? Cuantas veces creemos querer algo y cuando lo obtenemos descubrimos que no era tan importante o tan deseado. O nos parece que lo queremos, pero si nos tomamos tiempo para reflexionar y dejarnos sentir, nos damos cuenta que no es tan así. Esa simpleza y velocidad que Harvard propone, no me parecía real. Al menos no lo era, desde una generalización que como todas suele no ser ajustada, para los latinos.

Por lo tanto, en el capítulo IV de mi 2.° libro[2] intenté desarrollar esa complejidad que la vida me mostraba que existía pero que no estaba expresada en el modelo Harvard.

Primero lo hice desde una perspectiva muy rudimentaria como está expresado en las páginas 143 a 150. Eso era lo trabajado antes de conocer Harvard.

---

1   BUSTELO ELIÇABE-URRIOL, Daniel Jorge. *Ensayo: Mediación familiar interdisciplinaria* disponible gratuitamente en www.mediemos.org/libros

2   BUSTELO ELIÇABE-URRIOL, Daniel Jorge. *La Mediación, claves para su comprensión y práctica* Ed. Tritoma. Hoy disponible gratuitamente en la web del autor: www.mediemos.org/libros

Luego en el punto 4.4, páginas 154 a 164 avancé en algo que me fue útil y clarificador para poder enseñar este modelo. Entiendo este fue uno de mis errores. No fui consecuente con mi comprensión de que el conflicto humano era complejo. Intente hace algo más complejo a Harvard.

El resultado de este trabajo es la explicación del proceso que está en el punto 4.3 (pág. 150 a 154).

Como pueden ver es necesario que lean este capítulo del libro.

En esa época también al traducir el libro de Lenard Marlow[3] sobre mediación familiar, conjuntamente con mi exsocia, la abogada y mediadora Ana María Sánchez Durán, me di cuenta que él también estaba tratando de buscar una teoría a la práctica de la mediación.

De allí resultó lo siguiente:

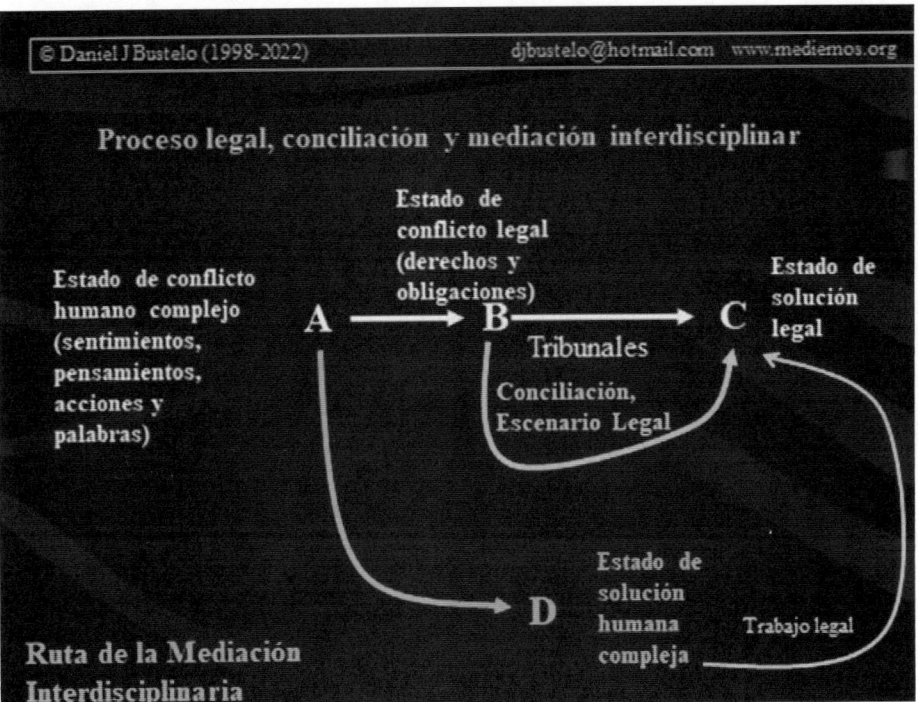

---

3   MARLOW, Lenard. *Mediación familiar: una práctica en busca de una teoría: una nueva visión del derecho*. Granica., 1999.

Esta es una transparencia de un power que desarrollé en 1998 y que con actualizaciones sigo usando para tratar de explicar porque la medición nada tiene que ver con el derecho.

El estado A es aquel que tienen los mediantes cuando deciden acudir a una mediación o a un tercero que les ayude con la gestión del conflicto. En este momento el conflicto es complejo pues interviene la totalidad de la persona, es decir como decía en aquella época, con todo su sentir, pensar, hacer y decir. Con todo lo sentido, pensado hecho y dicho antes de llegar a la mediación.

Si este tercero es el abogado, pasará al estado B. Debe transformar este conflicto humano complejo en un litigio jurídico. Es decir, en un tema de derechos y obligaciones y ver de qué manera puede sostener y argumentar que su cliente lleva la razón. Está claro que la otra pare intentará hacer lo mismo.

Para resolver esto se concurría, desde antiguo, a la decisión del Tribunal. El camino era el proceso judicial.

Ahora bien, por circunstancias que no da el tiempo para tratar ahora, se intentó buscar una solución jurídica fuera del ámbito contencioso del Tribunal.

En nuestro sistema continental codificado siempre existió y se llamó conciliación. Como ya he dicho, en EEUU solo lo podían hacer con taquígrafos como se ve en las películas. La mediación que desde el espacio jurídico norteamericano se desarrollo es la conciliación que nosotros conocemos.

Ahora bien, en la transposición cultural del modelo de una cultura diferente, sin haber tenido nosotros una mirada más compleja, hemos comprado vidrios de colores.

Por tanto, el camino a la solución jurídica por fuera del tribunal, le llamo conciliación y así creo que sabiamente lo resuelve el Proyecto Español de Ley de Eficiencia procesal en trámite en el Parlamento de ese País. En el siguiente link, se puede encontrar un comentario que realicé para la revista de la Asociación Madrileña de Mediadores de dicho anteproyecto (https://www.ammediadores.es/nueva/revista-no6-palabra-de-mediador-septiembre-2022/).

La mediación significaba para mí en esa época, una tarea en la que tratábamos de que los mediantes lleguen a una solución humana compleja, en la cual su sentir, pensar, hacer y decir fuera tenido en cuenta por ellos mismos como resultado de los encuentros de mediación. En esa época dejé de llamarles partes, lenguaje jurídico por participantes. Hoy me refiero a ellos y ellas como mediantes.

Hasta aquí el desarrollo que hice en su momento de la escuela de Harvard.

Con esa perspectiva, en la página 150 del libro *La Mediación* citado, expliqué el proceso de mediación desde una perspectiva muy dinámica. Todavía influenciado por los modelos tradicionales, pero en donde ya se expresa con claridad que buscaba otro camino.

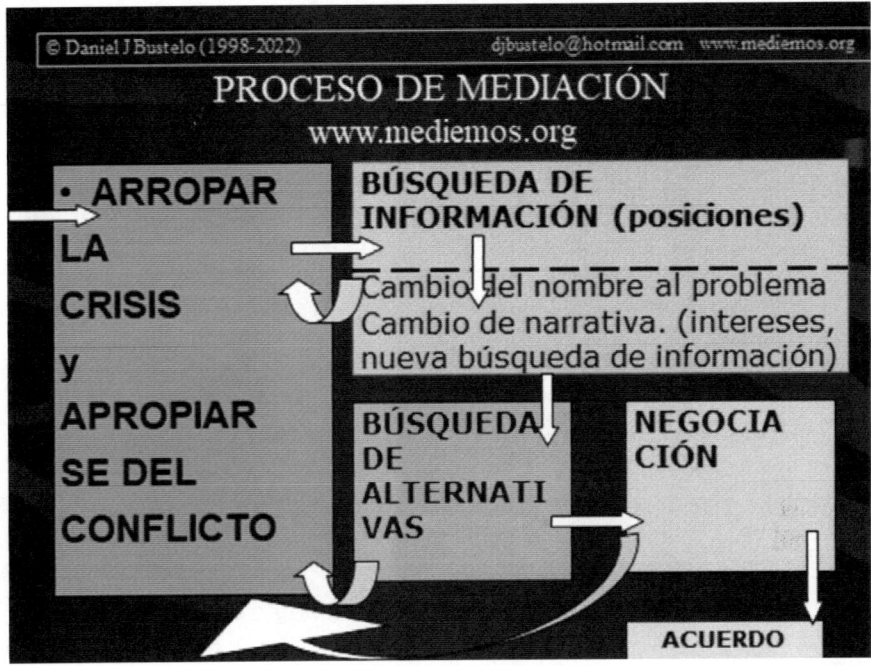

Procuraré explicar de qué se trata este conjunto de cuadros y flechas.

Usaré todavía el lenguaje adecuado a como lo entendía en esa época. Ya veremos cómo cambia desde la nueva perspectiva más adelante.

El Proceso siempre comienza recibiendo a los y las mediantes desde la comprensión de que están pasando un momento difícil y que si vienen a mediación es porque no han podido gestionar sus diferencias por sí mismos.

Al recibirles y una vez hecha las presentaciones del caso y reconfirmando los datos que pueda tener de ellos y ellas, les hago saber que entiendo que si están viniendo a mediación es porque es posible que no la estén pasando bien. Si este es el caso, les hago saber que este es un espacio de ellos, que con carácter de confidencialidad en relación a toda la información que se comparta, iré escuchando lo que tengan que decirme y lo que tengan que decirse.

Les pido que brevemente, para tener una idea pues no les conozco y seguro que cada uno tiene su mirada de la cuestión que les trae, que me expliquen brevemente el motivo de concurrir a mediación. Un par de minutos para cada uno y una breve reformulación. Quiero que les quede claro que es un espacio donde se les escucha.

También les digo que se expresen como lo hacen habitualmente. Si están dolidos, enojados o indiferentes, que se expresen como lo necesitan. Que mi tarea pasa por procurar que eso que se dice pueda ser escuchado por todos y todas, a pesar de la forma en cómo se diga. También les pido que en la medida que puedan, que procuren no intentar imponer nada. Es un espacio en el que se puede decir todo, porque son diferentes y por tanto habrá muchas cosas con las que no estén de acuerdo del otro u otra, pero eso no autoriza a querer imponer opiniones, criterios o decisiones. Sé que esto no es fácil, pero es el espacio para intentarlo.

Asimismo, les hago saber que dado que soy humano y puedo equivocarme y como el proceso es de ellos, que pueden manifestarme todo lo que no les guste. En especial si sienten que no estoy siendo imparcial, deben decirlo, pues estoy entrenado para escuchar y por tanto corregir si eso estuviera ocurriendo.

Modificaciones y críticas a los modelos existentes

Terminada la introducción, les daría las informaciones legales que cada sistema jurídico imponga. Luego les pido que elijan cual quiere empezar a compartir la cuestión que les trae.

Arropar la crisis. Este término surge de un alumno hace años que me lo sugirió en reemplazo de contener la crisis que usaba yo. La palabra contener tenía un significante muy distinto para los abogados y psicólogos. Para los primeros era frenar, para los segundos, abrazar.

Arropar es más ocuparse cuidadosamente de alguien en forma temporal y breve.

La «técnica» fundamental que proponía en esa época, era la reformulación emocional. Es la reformulación que todos y todas conocemos, pero respecto de las palabras que usan para expresar cómo se siente.

«Estoy frustrada, engañada, cansada» dice ella.

Él dice yo me siento «estafado».

En torno a estas palabras es importante que ellos sepan que las escuché, que no hago juicios de valor sobre ellas y antes de que se contesten, hecha la reformulación emocional, las escribo en el rotafolio. Pueden seguir, así un rato, pero poco a poco bajan el volumen, son más cuidadosos y cuidadosas con las palabras que usan pues al verlas escritas, en oportunidades perciben que son muy fuertes y piden tacharlas o directamente no las repiten.

Una vez que se han sentido escuchados, bajaron el tono y las palabras que usan (aproximadamente media hora en los casos más duros), pasaban a que me contaran como era la cotidianidad. Todo lo que decían lo escribía, con las palabras que usaban y en un determinado momento en que las quejas ocupaban un espacio importante, a quien no quería separarse o cambiar el estado actual, a pesar de que fuera duro le preguntaba si lo que él quería (en general era el varón quien no quería aceptar el conflicto en mediación familiar) era seguir viviendo así. En casos de mediaciones en temas comerciales, societarios o de cualquier tipo, se llegaba a tener claro que hay una situación actual que no quieren mantener tal como está. La respuesta en casi todos los casos era no y viendo que eso no se podía cambiar y volver a como estaban antes, reconocía tener que hacer algo con esta cuestión que habían traído. Se habían apropiado del conflicto. Eran parte del mismo y algo tendrían que elegir hacer con el mismo.

El resto era lo habitual de los distintos modelos existentes. En cualquier momento podía volver a aparecer una situación emocional fuerte, por lo que como indican las flechas se vuelve un momento al arropamiento de la crisis y luego se continúa desde donde estaban.

En toda esta forma de trabajar, seguíamos pensando que necesitábamos un marco teórico provisto por distintas disciplinas para poder ser sujetos de un saber referencial que nos respaldara y nos diera seguridad.

Pasé luego a entusiasmarme con la circular narrativa.

¡Qué bueno eso de que con unas técnicas adecuadas y poniendo normas de conducta a los mediantes, íbamos a poder hacer que la comunicación se restableciera y ellos pudieran a partir de allí recuperar el control de su conflicto!

Poco me duró el entusiasmo. Me di cuenta de que en vez de escucharles, pensábamos en cuál sería la mejor técnica a utilizar. Nos cuestionábamos porqué si habíamos reformulado asertivamente lo dicho por ellos o ellas, volvían sobre el tema una y otra vez.

Además, los caucus privados, el poner normas de conducta, el cambiar la narrativa del conflicto, todo nos llevaba a un lugar de poder y de saber que nos alejaba de los y las mediantes. La tendencia para compensar esto fue una muy disimulada manipulación de los y las mediantes, tratando de llevarles a conductas cooperativas, que fueran buena gente y dejaran de lado las diferencias y se encontraran en lo que les unía.

Incorporé el rotafolio como forma de que además de escucharse pudieran leerse en las reformulaciones realizadas, con el objetivo de lograr que se escucharan. Eso ayudó mucho. Podíamos volver sobre hojas anteriores en donde el tema se había hablado para que ellos y/o ellas se apropiaran de lo que habían dicho y se plantearan si tenían algo nuevo que decirse o con recordar lo dicho alcanzaba.

Finalmente, a todo esto se incorporó algo que estaba desde el origen y es lo único que siempre defendí con firmeza, es el tema del registro personal. El saber que me pasa con lo que pasa en la sala de mediación. Pues tenía muy claro que eso condicionaba nuestra calidad de escucha y de aplicación de las técnicas. No éramos neutrales ni lo podíamos ser.

También para esa época, fin de los años 90 principio del nuevo siglo, me quedo claro que la comunicación como la planteaba el sistémico no era posible. No tenía claro porque, pero eso pasaba en las mediaciones si no se manipulaba. Ahora y para el final de este escrito, espero poder haberles transmitido mis nuevas ideas al respecto.

Por último, esto de tener empatía también me resonaba como ficticio. Nunca nos podemos poner en los zapatos de otro u otra. Me pareció más útil manifestar interés por las personas que venían a la medición y por lo que decían y compartían.

Caída la neutralidad, recuperación de la comunicación y la empatía, tenía que de alguna manera volver a construir otro edificio, no tratar de rehabilitar el antiguo. Era volver a los orígenes y desde allí continuar con toda la experiencia adquirida. Eso es lo que vengo a compartirles y lo que he intentado trasmitir en mi último libro editado por Editorial Sepín en España y Astrea en Argentina: *Función Mediadora*.

4. La importancia de la palabra en la mediación

Concepto de «devolver la palabra»

Comencemos, por tanto, en tratar de introducir una nueva propuesta que nos ayudara en nuestra tarea. La palabra permite la representación simbólica del significante de la misma que nos constituye como seres hablantes. Nosotros le daremos nuestro propio significado a la misma que hace que esa representación simbólica sea única. Esto nos hace a cada uno únicos e insustituibles.

La palabra, formando parte del lenguaje materno o de origen, nos constituirá con esta característica de únicos e insustituibles. Iremos incorporando ese lenguaje de origen de una forma única para cada uno y cada una. Comenzaremos siendo hablados por esa lengua y más tarde, si nos responsabilizamos y emancipamos pasaremos a hablar y al discurso.

Por eso es que la expresión «devolver la palabra» implica devolver a cada uno y cada una de los participantes del conflicto, la posibilidad de ser ellos mismos y ellas mismas. Es admitir que la palabra en la medida que nos une, pues nos permite encontrar aquello que nos une, a la vez nos separa pues pone en evidencia las diferencias.

La dificultad de poder escuchar y respetar las diferencias suele ser el origen de muchos de los conflictos.

La mediación en su propuesta de devolver la palabra a los mediantes, está proponiendo el reconocimiento de la existencia de las diferencias y el respeto a las mismas. Obsérvese que digo respeto y no tolerancia. Entendiendo lo primero, como el reconocimiento al derecho y legitimidad de ser diferentes y al segundo como un acto de bondad o de buenas maneras del reconocimiento de la diferencia, pero no realmente la legitimidad a su existencia y aceptación.

Ahora bien, una suposición que alberga este planteo es el de creer que devolviendo la palabra está garantizada la comunicación entre los mediantes. La experiencia nos ha enseñado que no es así.

Significado simbólico de la palabra en la mediación

La comunicación, como he dicho, es un fenómeno mucha más complejo que como desearíamos que fuera. Si suponemos que la misma debe atenerse a que lo dicho es lo que realmente se quiere decir y que todo puede ser dicho, estamos en un intercambio que, en el mejor de los casos, llamaría diálogo.

La realidad verificable, es que además de lo que decimos, está lo que sabemos pero no decimos y lo que no sabemos que sabemos y que solo se dice cuando se lo reconoce que lo sabemos. En el transcurso del diálogo nos vamos escuchando y vamos escuchando a los demás participantes de este encuentro. En este escuchar, se producen evocaciones de nuestra historia y las misma producen resonancias que generan la necesidad o deseo de volver a hablar. Pero esto no es posible, pues todos los participantes también quieren poner palabras a sus propias evocaciones y resonancias, pero no pueden. No todo puede ser dicho. Siempre quedan cosas por decir. Siempre hay algo más para decir a lo dicho. Hace falta tiempo, no un tiempo cronológico sino subjetivo, para que se produzca este fenómeno de la evocación y la resonancia para que algo más pueda ser dicho. De esto se trata el discurso que es más complejo pero real que lo que llamé diálogo.

Otro elemento que debemos tener en cuenta es que muchas veces nos suponemos. Es decir, suponemos lo que nos dirán o lo que nos contestarán. Frase como: «para que hablar si ya sé lo que me va a decir» la escuchamos siempre en la mediación. El supuesto nos protege de la sorpresa que nos puede dar escuchar algo distinto. Nos protege del temor a vivir una experiencia con lo que escuchamos que nos mueva del sitio seguro en el que estamos. Evitamos el riesgo de escuchar y que se produzcan las evocaciones y resonancias que la escucha genera.

5. Desafíos y errores en la práctica de la mediación

Errores comunes en la mediación y cómo solventarlos

Con la mejor de las intenciones y dado que vivimos en una época del auge de la ciencia, hemos ido tratando de hacer un corpus teórico y práctico que nos proteja a nosotros, los mediadores y mediadoras, de los riesgos de las sorpresas y de la pérdida de ese control tan deseado y pregonado en todos los textos. Son nuestros miedos los que necesitan ser calmados por medio de técnicas, herramientas y presupuestos de dudosa existencia. Éstas se presentan como útiles para los y las mediantes, pero quiero abrir una reflexión sobre si realmente les son útiles o solo lo son para poder encauzar un proceso dentro de lo previsible.

Para completar este encuadre de la mediación desde la seguridad del mediador o de la mediadora, hemos agregado la necesidad de un acuerdo que resuelva el conflicto. Por eso se la llama Sistema Alternativo de Resolución de Conflictos.

Desde un principio me he cuestionado este intento desmesurado de usar la palabra resolución. El hecho de estar vivos, ser todos únicos e insustituibles determina que los conflictos son parte necesaria e inevitable del lazo social. El tema importante, a mi entender, es como se gestionan los mismos.

Por otro lado, la propuesta del acuerdo como objetivo de la mediación, dificulta la subjetividad del mediador o de la mediadora, toda vez que, si evaluamos nuestro desempeño y nuestro acierto en la existencia del cuerdo, inconscientemente, manipularemos y presionaremos para que el mismo se realice. Veremos más adelante, como este tema de la supuesta neutralidad genera una de las dificultades más importantes al momento de trabajar.

Otro de los aspectos que han ido distorsionando nuestro trabajo, como ya he dicho y trataré de explicitar mejor, han sido los planteos iniciales de los que todos partimos y que son pautas de cumplimiento imposible.

Neutralidad y equidistancia funcional en la mediación

La pretendida **neutralidad** es imposible. Todos y todas, como seres humanos que somos, cuando escuchamos se nos producen evocaciones, resonancias, sentimientos y juicios de valor. Es imposible que ello no ocurra, pues si así fuera no estaríamos escuchando. Por lo tanto, al instalar esta idea de neutralidad como un precepto inicial, nos estamos exigiendo algo que resulta incompatible con el escuchar. Frente a esta exigencia, lo que se propuso fue intentáramos dejar fuera de nuestro hacer todo lo que la escucha nos produce. Para poder cumplir con ese objetivo nada mejor que pensar en las herramientas y en las técnicas, como si protegiéndonos con ellas pudiéramos dejar fuera lo que nos pasa, lo que nos producen los y las mediantes.

Es preferible bajar la exigencia, reconocer nuestra propia complejidad y tratar de reconocerla por medio del **registro personal** que nos permite registrar lo que nos pasa con lo que pasa en la sala de mediación De esta manera, podemos registrarnos, diferenciar lo propio de lo de ellos y ellas y poder centrarnos en lo que dicen y dejando lo que hemos reconocido que nos produce para tratarlo luego de la reunión y si es necesario en una supervisión.

Es por eso que prefiero referirme a este tema como la **equidistancia funcional** del o de la mediadora para llevar adelante su función. Esto quiere decir poder tener un registro de cuáles son las necesidades cada uno/a para poder atenderlas sin menoscabo de las del otro u otra mediante.

La importancia de escuchar y la autenticidad en la mediación

Como ya he dicho, la **comunicación** tal como está deseada y planteada en los modelos habituales, es imposible de lograrla. La comunicación es una sucesión de malos entendidos, que por medio de la aproximación sucesiva vamos logrando que se haga explícito lo implícito. Para eso he dicho hace falta el registro del tiempo subjetivo de los y las mediantes y del o de la mediadora. Ese tiempo está dado por lo que va produciendo el proceso de escuchar y escucharse. **Que los y las mediantes se escuchen no es el punto inicial de la mediación, sino el punto de llegada.**

Finalmente, está el tema de la demandada **empatía**. Entiendo que, si bien la palabra significa ponerse en el lugar del otro o de la otra, el sentido que le damos más habitualmente es tener interés por la otra persona, procurar escuchar lo que nos quiere decir. Estrictamente hablando, es imposible ponerse en el lugar del otro o de la otra. Con esto de que somos únicos e insustituibles, lo que realmente le pasa a otra persona podemos suponerlos sobre todo desde imaginarnos nosotros en ese lugar, pero realmente ponernos en el lugar del otro y otra es imposible. Por tanto, quitemos también esta exigencia y limitémonos a tener interés en ellos y ellas y hacer el mayor esfuerzo de escucharles. No debemos olvidar nunca que nuestro trabajo es con personas y no con conflictos.

6. El lazo social en la mediación

La mediación como herramienta para el fortalecimiento del lazo social

Lo expuesto nos lleva a considerar cual es el lazo social que se produce en una mediación desde la perspectiva de la Función Mediadora.

Entendemos como lazo social la forma que toma la interacción entre seres humanos hablantes. En la gestión de conflictos en las que interviene un tercero, este lazo social puede establecerse desde una forma en la que el tercero dispone de la autoridad para imponer conductas, como es en el caso del Juez en un litigio o de un árbitro en un arbitraje hasta en el caso de la mediación, en el que el tercero cumple una función que les permite a los mediantes apropiarse de su cuestión a gestionar, para poder hacer con ella lo que estimen mejor. En caso de que los mediantes decidieran gestionar el conflicto dentro de la mediación para intentar llegar a un acuerdo, la función mediadora se extiende a que las decisiones que tomen sean decisiones informadas. Esta información no la suministra él o la mediador o mediadora, sino que son ellos en esa apropiación de su conflicto, que buscan la información necesaria para tomar sus decisiones.

Es aquí en donde el mediador o mediadora tiene una tarea adicional a lo planteado hasta ahora que consiste en que traigan la información obtenida a la sala de mediación, para que una vez más, se escuchen y puedan apropiarse de la misma y tomar la decisión que les interese.

Este lazo social que comienza siendo de enfrentamiento y exclusión del otro u otra, en la medida que los y las mediantes son escuchados o escuchadas por el mediador o mediadora, se comienza a producir una solidaridad basada en la necesidad y deseo de pasar del hablar al decir[4] y genera esas conductas tan promovidas en la mediación como conductas cooperativas. El lazo social que produce la apropiación de los discursos de cada uno o una, el registro de la existencia del otro u otra y el deseo de ser escuchado por el otro u otra mediante, es lo que caracteriza a la función mediadora. Este es el sentido de que el mediador o la mediadora, no sean depositarios de un saber, de un conocimiento referencial que le lleve a que sean escuchados y escuchadas como una autoridad o referencia. Desproveerse de esta importancia de su palabra por parte del mediador o mediadora, para producir que ellos sean quienes se escuchan y desde ese escucharse interactúen respetando al otro u otra en sus diferencias y sus individualidades, es lo que caracteriza al lazo social que genera la Función Mediadora.

Aquí puede verse la diferencia sustancial en cuanto al lugar del tercero en relación a los otros temas abordados en este libro. Ninguno es mejor o peor que el otro. Son distintos, con objetivos distintos y con resultados distintos y por lo tanto el lazo social que generan también lo será.

Perspectivas y propuestas para una mediación efectiva

Estas dificultades para generar este lazo social propio de la mediación las introdujimos quienes formamos mediadores desde los cánones literales de las distintas escuelas. Ha llegado el momento que tomen de cada uno de los modelos lo que pueda serles utieles a los y las mediantes, para cumplir con el objetivo de esta función.

La expresión no verbal

Hablamos mucho del lenguaje corporal. Estimo que es un concepto que deberíamos revisar.

El lenguaje, por medio de la palabra, hace que cada una de ellas tenga un significante y un significado. En mi libro ya citado *Función Mediadora* me extiendo sobre este tema.

---

4   Bustelo Eliçabe-Urriol, Daniel Jorge, *Función Mediadora*, Ed. Sepin y Ed Astrea, 2023.

Cuando la palabra o el silencio va acompañado con un gesto, una expresión, una mirada, esta se produce pues la palabra sale de un cuerpo.

Pero este gesto o expresión carece de un significante. Necesita ser interpretado por nosotros y nosotras. Es lo que a nosotros y nosotras nos parece que quiere expresar ese gesto o ese cuerpo que acompaña a la palabra. Atribuirle significantes, es lo que se ha querido hacer desde ciertas escuelas norteamericanas, que estandarizan al individuo y les consideran a todos iguales. Cruzar los brazos es desinterés, inclinarse hacia adelante al escuchar es interés, etc.

Por tanto, estamos tentados y tentadas a darles significantes universales a estas expresiones, cuando como sabemos por lo dicho anteriormente, cada individuo es único e insustituible y por lo tanto es imposible que sepamos con certeza que nos quiere decir con ese gesto o expresión. Nosotros suponemos que quiere decir algo, desde nuestra propia proyección e interpretación del mismo.

Es por esto que no comparto el concepto de lenguaje analógico y digital. La expresión corporal no es un lenguaje, pero esto no quiere decir que no tenga relevancia.

Es por eso que estimo que es importante dar importancia a esta expresión corporal, pero teniendo en cuenta que la misma debe ser explicitada con palabras por parte de quien la produce, en base a nuestra pregunta. Suponer lo que quiere decir, es lo peor que nos puede pasar en una medición. Nada se da por dicho mientras no sea dicho. Nada existe mientras no está dicho. Nuestras interpretaciones o suposiciones de lo no dicho o de lo expresado es lo que más puede atentar contra nuestra escucha.

De la misma manera que la reformulación intenta confrontar si lo escuchado se relaciona con lo dicho, cuanto más será necesario confirmar si lo expresado corporalmente es lo que hemos supuesto que expresaba o es distinto.

Nunca olvidemos que de la misma manera que nuestro registro de las expresiones de los mediantes las interpretamos, será necesario explícitarlas por medio de una pregunta, lo mismo ocurre con ellos y nuestras expresiones corporales, conscientes o no. Por tanto ellos también tenderán a interpretarlos desde la propia perspectiva personal. Es por ello que esta expresión nuestra, de alguna manera, debemos transparentarla para evitar interpretaciones de cada mediante a las mismas y que dificultarán seriamente el trabajo.

7. La mediación en el contexto del sistema judicial

Relación entre la mediación y el sistema judicial

El contexto en el que se desenvuelve la mediación

Ahora bien, existe otra dificultad a la que nos enfrentamos que nos es ajena y que merece un tratamiento especial. Se trata de la utilización que hace el Estado de la mediación para satisfacer necesidades propias.

Hemos escuchado en múltiples ocasiones que el sentido de la existencia de la mediación está dado por la ineficacia del Sistema de Administración de Justicia y por la consiguiente necesidad de procurar que las acciones legales encuentren una instancia previa de resolución que permita aliviar la tarea de los Tribunales.

Crítica a la implementación y práctica actual de la mediación

Este es para mí un error muy grave. No podrá haber una mediación si no existe un sistema judicial eficaz y rápido. No habrá posibilidad de establecer lazos como los aquí explicados, sino existe la posibilidad de otra alternativa impositiva como es el sistema judicial.

Esto no es solo un corrillo, está plasmado en múltiples textos. Tomando el más reciente, la exposición de motivos del **Proyecto de Ley de medidas de eficiencia procesal del servicio público de Justicia**, que dice:

«El Título I de la ley contiene un gran bloque de reformas, concretamente las que se refieren a la inserción en nuestro ordenamiento jurídico, al lado de la propia jurisdicción, de otros medios adecuados de solución de controversias en vía no jurisdiccional, como medida que, más allá de la coyuntura de ralentización inicial y previsible incremento posterior de la litigiosidad como consecuencia de la pandemia y la declaración del estado de alarma, se considera imprescindible para la consolidación de un servicio público de Justicia sostenible».

Dejando clara la indiscutible importancia constitucional del ejercicio de la potestad jurisdiccional por los Jueces y Tribunales, con la introducción de estos mecanismos, ya consolidados en el derecho comparado, se cumple la máxima de la Ilustración y del proceso codificador: que antes de entrar en el templo de la Justicia, se ha de pasar por el templo de la concordia. En efecto, se trata de potenciar la negociación entre las partes, directamente o ante un tercero neutral, partiendo de la base de que estos medios reducen el conflicto social, **evitan la sobrecarga de los tribunales**[5] y pueden ser igualmente adecuados para la solución de la inmensa mayoría de las controversias en materia civil y mercantil.

El servicio público de Justicia debe ser capaz de ofrecer a la ciudadanía la vía más adecuada para gestionar su problema. En unos casos será la vía exclusivamente judicial, pero en muchos otros será la vía consensual la que ofrezca la mejor opción. La elección del medio más adecuado de solución de controversias aporta calidad a la Justicia y reporta satisfacción a los ciudadanos y ciudadanas. En este contexto cobran importancia las razones de las partes para construir soluciones dialogadas en espacios compartidos.

---

5   El resaltado es propio.

Con los métodos alternativos o adecuados de solución de controversias se incrementa el protagonismo de las profesiones jurídicas, especialmente por el papel negociador de la abogacía que se garantiza en todo caso, pero también de los procuradores y procuradoras de los tribunales, las personas profesionales de la mediación, los graduados y graduadas sociales, los notarios y notarias y los registradores y registradoras de la propiedad, amén de otros muchos profesionales»[6].

También dice que: «Desde la entrada en vigor de la ley, el 27 de julio de 2012, no se ha conseguido desarrollar la potencialidad augurada desde su gestación. En este sentido son de destacar las apreciaciones del Informe de la Comisión al Parlamento Europeo, al Consejo y al Comité Económico y Social Europeo sobre la aplicación de la Directiva 2008/52/CE del Parlamento Europeo y del Consejo, de 21 de mayo de 2008, de fecha 26 de agosto de 2016, pues constituye un documento de indudable valor por sistematizar el estudio de los cuestionarios emitidos por operadores jurídicos de todos los Estados miembros y que viene en términos generales a evidenciar determinadas dificultades en relación con el funcionamiento de los sistemas nacionales de mediación en la práctica, particularmente relacionadas con la falta de una «cultura» de la mediación en los Estados miembros».

Es decir, se reconoce que es necesario evitar la sobrecarga de los tribunales por un lado y por el otro que la implantación de la mediación ha fracasado y se alega a razones culturales, ¡De toda Europa!

8. Hacia un nuevo enfoque en la mediación

Propuestas para un cambio en la práctica de la mediación

Creo que es oportuno que desde los y las mediadores y mediadoras podemos aportar nuestro punto de vista del porque no se ha implantado la mediación de la manera deseada. Aquí expreso algunas reflexiones desde mi propia experiencia para abrir un debate que alcance a todos los niveles que tienen injerencia en la implantación de estas formas adecuadas de gestión de conflictos.

El párrafo que he puesto en letra cursiva resalta para mí una de las contradicciones fundamentales para poder explicar porque la mediación, que es la única forma de gestión adecuada a la que me refiero en este escrito, no ha sido acogida como se esperaba.

---

6   El destacado es una elección propia para resaltar este párrafo.

Si bien la ley 5/2012 es muy clara en cuanto a que pueden ser mediadores y mediadoras:

«1. Pueden ser mediadores las personas naturales que se hallen en pleno ejercicio de sus derechos civiles, siempre que no se lo impida la legislación a la que puedan estar sometidos en el ejercicio de su profesión. Las personas jurídicas que se dediquen a la mediación, sean sociedades profesionales o cualquier otra prevista por el ordenamiento jurídico, deberán designar para su ejercicio a una persona natural que reúna los requisitos previstos en esta Ley.

2. El mediador deberá estar en posesión de título oficial universitario o de formación profesional superior y contar con formación específica para ejercer la mediación, que se adquirirá mediante la realización de uno o varios cursos específicos impartidos por instituciones debidamente acreditadas, que tendrán validez para el ejercicio de la actividad mediadora en cualquier parte del territorio nacional»

El último párrafo resaltado del precitado Proyecto de Ley se centra en los profesionales vinculados al mundo del derecho. Sólo tímidamente agrega: «amén de otros muchos profesionales».

Todos los profesionales citados tienen un saber referencial que no tienen los y las mediantes, que es el conocimiento del Derecho y su ejercicio profesional y por lo que perciben sus honorarios es por disponer de ese conocimiento referencial que les permite desde sugerir hasta aconseja o imponer una forma determinada de gestión y finalización del litigio. Y no del conflicto, pues este, como he dicho antes, es complejo y abarca mucho más que los aspectos jurídicos.

Por tanto, nunca hemos considerado por los motivos que cada uno/a quiera alegar, que los abogados que envían a sus clientes a una mediación, por todas las virtudes que se dice tiene esta forma de gestión de conflictos y el alivio que produce a la sobrecarga de los Tribunales, están renunciando a percibir honorarios de una manera sustancial a los que podrían percibir si litigaran. A su vez, es razonable que sugieran el litigio, pues es para lo que están formados. A su vez los Colegios de abogados, matriculan a los ejercientes, es decir a los que litigan para sus clientes[7].

Por tanto, ¿Por qué hemos de pedirles a los abogados y demás profesionales vinculados al Derecho que renuncien a sus ingresos, enviando sus clientes a mediación? Nosotros los y las mediadores y mediadoras, que supuestamente debemos escuchar y tener presente los intereses de todos los involucrados en un conflicto y en su gestión, creo que no les hemos tenido en cuenta.

---

7   Es cierto que está la categoría de no ejercientes, pero no acceden a los mismos derechos y beneficios que los ejercientes.

Por tanto, como ocurre en la gran mayoría de los países en donde se ha implantado la mediación prejudicial, terminan siendo conciliaciones pues los y las letrados/as, toman la palabra y ejercen su saber para defender los intereses de sus clientes/as de la mejor manera que lo saben hacer, que es discutiendo y negociando derechos y obligaciones.

A su vez los Colegios de Abogados y procuradores, entre otros, se ven precisados a apoyar estos sistemas adecuados, pero solo lo mínimo necesario, pues en legítima defensa de los intereses de los y las colegiados y colegiadas, simultáneamente la evitan.

Entiendo que esto pueda generar ataques y defensas a lo que expreso. Pero he ejercido como abogado durante 25 años, lo he hecho con gusto y entiendo que nuestra tarea debe ser reconocida y remunerada si sugerimos una mediación y acompañamos a nuestros clientes mientras ellos y ellas participan de la misma.

Entiendo que hay otro tema polémico no siempre resuelto en otras legislaciones, pero si tomado en la actividad de abogados colaborativos, que es, si un abogado o abogada participa activamente en una mediación con su cliente o clienta, aceptando la confidencialidad que exige la mediación, no podrá luego ejercer el patrocinio del mismo cliente o clienta en la misma causa. De lo contrario o faltaría el principio de confidencialidad, o a su deber de defender los derechos de su cliente de la mejor manera posible.

Más complicada es la situación de los procuradores y procuradoras, toda vez que, sin litigio, su participación no es necesaria, por lo que todas las causas que pasen por una mediación previa y se resuelvan allí, nunca llegarán a los tribunales, salvo que sean temas en los cuales será necesaria una homologación.

Es un tema que dejo aquí planteado para que abiertamente y dejando fuera el supuesto lugar de caballeros andantes de los profesionales del Derecho, podamos hablar del dinero con el que vivimos y de qué manera esto será tenido en cuenta.

9. Conclusiones y perspectivas futuras

Reflexiones finales sobre la mediación y el lazo social

Direcciones futuras y recomendaciones

Por tanto, para que nuestra función mediadora pueda ser ejercida en beneficio de los y las mediantes, dentro de los términos establecidos en la Ley 5/2012, para que quienes tienen necesidad de continuar con un vínculo o relación, ya sea esta familiar, vecinal, comercial o la que fuere puedan así elegir hacerlo es necesario a mi entender al menos dos cosas:

Una es devolver las cuestiones de mediación al Ministerio de Asuntos Sociales o como se llame en cada momento. Como he dicho, la función mediadora atiende y trabaja con seres humanos y no con los conflicto que entre ellos puedan presentarse y mucho menos con los litigios que de dichos conflictos pudieran originarse para ser resueltos dentro del campo del Derecho, la conciliación pre judicial o con la intervención de otros operadores tan acertadamente tratados en esta obra.

La segunda es conciliar todos los intereses en juego además del de los mediantes. En especial, que el interés del Estado de achicar sus presupuestos y no verse obligado a invertir más en la Administración de Justicia, lo haga sin perjudicar a ningún sector social. Sólo así, podrá crearse una cultura de la mediación a la que hace referencia la exposición de motivos del proyecto de ley citado.

Además, creo que ayudaría notablemente a este desarrollo de la cultura del diálogo y del acuerdo, si la Política no abandonara esta práctica y los conflictos en el lazo social de toda la comunidad fueran también gestionados desde esta perspectiva. La docencia del ejemplo suele ser una herramienta útil.

3

LA COORDINACIÓN DE PARENTALIDAD: ALGUNAS REFLEXIONES. PRÁCTICAS

Eva Susana Fernández García

Abogada de familia, mediadora familiar y coordinadora de parentalidad
Actualmente Presidenta de la Asociación Nacional de Coordinación de Parentalidad.

1. Introducción a la coordinación de parentalidad

Definición académica y alcance

La Coordinación de Parentalidad es una profesión que ha llegado a España hace aproximadamente 10 años, desde Estados Unidos y Canadá, sobre ella existen multitud de libros y artículos académicos que nos indican y justifican de manera técnica y precisa la necesidad de esta figura.

Este artículo tiene como objetivo dar una visión práctica de la coordinación de parentalidad, de qué aspectos, situaciones, obstáculos nos encontramos los y las profesionales de la coordinación de parentalidad cuando actuamos en el seno de una familia sumergida en alta conflictividad.

Esta visión desde la experiencia pretende servir, por un lado, atendiendo al desconocimiento que aún existe de la coordinación de parentalidad, de divulgación diferenciándola de la mediación familiar con la que en muchas ocasiones se confunde y, por otro lado, de reflexión en torno a cómo podemos contribuir a mejorar las intervenciones en dichas las familias con niños, niñas y adolescentes (NNA) atrapados en procesos de separación/divorcio.

Desde la reflexión creemos que podemos seguir avanzando conjuntamente en la protección de la infancia y la juventud que se encuentra inmersa en estas conflictivas situaciones.

Nos centramos en las situaciones de ruptura de pareja judicializada en la que existen niños, niñas y adolescentes (NNA) y donde la alta conflictividad tiene una repercusión directa en ellos y ellas.

¿Qué ocurre cuando una pareja se separa/divorcia?

En general, parece aceptado que, en el proceso de ruptura de pareja, el «divorcio legal» no coincide temporalmente con el «divorcio emocional».

Este último, como resulta obvio, no se puede resolver en los juzgados, sin embargo, los llamados divorcios de alta conflictividad se caracterizan precisamente, porque se quedan estancados en la primera parte, la legal, lo cual conlleva a que esa parte emocional no se pueda resolver y se produce la paradoja, que aspectos emocionales, pretenden dar salida en la legalidad, judicializando su problema.

No hay que olvidar que por sí solo, en el seno de una familia, una ruptura de la pareja es uno de los hechos más traumáticos que hay para todos/as los miembros que la conforman. Por lo que para gestionarlo adecuadamente es preciso contar con una serie de herramientas que ayuden a transitar esta etapa en la que aspectos como el estrés, la ansiedad, tristeza, miedo, depresión... tienen un gran impacto.

El sufrimiento y el dolor seguramente son inevitables, sin embargo, aquellas parejas, que disponen de herramientas emocionales, o de un determinado grado de maduración emocional... seguramente podrán transitar este episodio de su vida de una manera más, podríamos decir, constructiva, o, por lo menos, no destructiva.

Cuando hablamos de herramientas emocionales o maduración emocional, le damos el significado que, de alguna manera, cada miembro de la pareja asume su responsabilidad en la ruptura y actúan en coherencia, es decir, no traducen su dolor en desintegrar al otro/a.

Desde nuestra experiencia, un gran número de parejas que inician un proceso de ruptura, desean hacerlo de manera constructiva, sin embargo, observamos que en ocasiones se confunde el deseo con los actos que están dispuestos a hacer para que realmente sea así. pues en la mayoría de casos implica tener que abstraerse del dolor personal a la hora de actuar.

Con ello no estamos indicando que no se deba trabajar ese dolor o que se deba ceder en todo, pero la forma en que lo hacemos determinará el resultado.

También hay que destacar que una separación/divorcio generalmente conlleva que personas que podrían tener estas herramientas se tambaleen y sufran la pérdida temporal de algunas de esas competencias.

La ruptura con la pareja es un proceso, un camino, que es recomendable caminar de manera conjunta, especialmente cuando existen hijos/hijas, y, no actuar de manera unilateral, cosa que por desgracia es lo que nos encontramos las personas que nos dedicamos a la solución de controversias en el ámbito familiar más a menudo de lo que nos gustaría.

Sobra decir que el que sea recomendable no implica que esté exento de dificultad.

Como cualquier proceso requiere tiempo y prudencia, tiempo para tomar conciencia de las realidades (la propia y la de los demás miembros de la familia) y de los pasos que desean seguir para poder finalizar esa etapa de pareja de la manera más sana posible, y prudencia, para impedir que se precipiten en las decisiones que vayan a poner en peligro esa resolución sana.

Todo esto adquiere especial relevancia cuando existen hijos e hijas, pues si las personas adultas no son capaces de resolver de una manera madura sus conflictos, serán los hijos e hijas las víctimas directas de esa guerra entre papa/mama, técnicamente conocido con el nombre de conflicto parental.

Se puede afirmar que existen tantos sistemas familiares como familias, y cada una de ellas con sus propios códigos. La intervención dentro de las familias es por eso especialmente compleja, pues influyen aspectos muy variados que van desde la propia historia de la pareja, hasta la crianza de los hijos/as, estilos de comunicación, apegos, recursos emocionales, influencia de la familia extensa, historia de la ruptura de la pareja…

En todo caso, todos estos factores condicionan la parentalidad, es decir, si es posible despedirse de la pareja de una manera «sana» es posible que se pueda ejercer una buena parentalidad o coparentalidad, sin embargo, si no es posible esto afectará irremediablemente a la misma.

¿Cómo afecta a los niños, niñas y adolescentes la separación/divorcio de su padre/madre?

Cuando se produce una separación en la pareja con hijos/as comunes el mundo de los niños, niñas y adolescentes se tambalea, por lo que adquiere especial relevancia el CÓMO gestionan esa ruptura los/las adultos/as.

No hay que olvidar que esta gestión tiene una repercusión directa en sus hijos e hijas.

La gestión de la ruptura conllevará que la inseguridad, producida por el **cambio** que supone que sus figuras de referencia se separen, se prolongue en el tiempo e incluso se cronifique, o que, por el contrario, se les facilite la adaptación a la nueva realidad de la familia.

Se dice que los niños y niñas se adaptan a todo, efectivamente, como mecanismo de protección y supervivencia; sin embargo, para nosotros ese no es el tema, sino el proceso en cómo se amoldan a esa nueva situación, desde la seguridad que les proporcionan sus progenitores/as o desde el miedo, en el sentido de qué va a pasar con ellos, cómo va a ser su vida de ahora en adelante.

A modo de ejemplo, estos son algunos de los aspectos cotidianos que les preocupan y con los que nos encontramos.

- No quiero cambiar de casa.
- Mi amigo/a vive en el piso de arriba.
- ¿Con quién voy a vivir?
- ¿Veré a papá/mamá? ¿Cómo? ¿Cuándo?
- Y entonces, ¿ya no celebraremos la Navidad juntos?
- ¿Podré ver a mis amigos/as?
- ¿Y la Play dónde se quedará?
- ¿Y cómo haremos las vacaciones de verano?
- ¿Iré al mismo colegio/instituto?

Aunque no resuelte fácil, darles un mensaje unido por parte de los/las progenitoras es trascendental para ellos, pues implica que, aunque la pareja se separe no dejan de ser padre y madre y, por lo tanto, siguen estando allí para ellos/as ejerciendo como tales.

Como hemos indicado más arriba, desde el punto de vista de la pareja, una separación o divorcio, también supone un **tsunami emocional** para los/as adultos/as y transitarlo tampoco resulta sencillo, amén de los problemas que se a nivel material (vivienda, aspectos económicos, reparto ajuar, préstamos...).

Por ello, observamos que en muchos casos el padre y/o la madre no pueden dedicar el tiempo suficiente a elaborar ese mensaje de manera conjunta y como resultado los hijos/as, aunque no lo manifiesten, no saben qué va a pasar con ellos/as, se sumergen en tierra de nadie.

Los/as hijos/as se encierran en sí mismos y suelen iniciar una etapa de ostracismo como mecanismo de protección.

Esta etapa durará más o menos dependiendo del acompañamiento que se les brinde.

El mensaje es claro, el padre/madre han de **colaborar** en la crianza y en la educación y el no hacerlo implica el abandono de sus hijos/as.

La experiencia nos indica que este es uno de los aspectos que más cuesta hacer entender a las personas que se separan pues su propio dolor, expresado desde su narrativa, les impide abstraerse de él, y colaborar en la crianza.

Y es lógico que cueste, pues, cómo colaborar con la persona que me ha hecho daño, que se ha portado mal conmigo, que me ha engañado, que se ha quedado con el dinero...en definitiva, parece que lo que se pide es que colabore con el enemigo/a.

Este aspecto es crucial, pues si ven al otro u otra como enemigo/a tratarán de «salvar» a sus hijos/as de él o ella, esto se traduce en la participación de los hijos e hijas en la separación/divorcio, ya sea de manera consciente o inconsciente. Los efectos a medio/largo plazo para sus hijos/as pueden llegar a ser devastadores.

Lo óptimo para evitar esa percepción del «enemigo» es que la pareja se deshaga dialogando y acordando cómo lo van a hacer, están en un momento muy delicado de sus vidas por lo que es aconsejable extremar la prudencia.

Es fácil incurrir en malos entendidos, si emocionalmente están en momentos diferentes (por ejemplo: uno/a se quiere separar y el otro/a no) otorgar tiempo para que puedan asimilarlo, que se actúe teniendo en cuenta a la otra persona son pautas que pueden ayudar.

Este comportamiento parece utópico, no lo es, y en la práctica la experiencia nos demuestra que el proceso no es lineal, pero hay parejas que consiguen aproximarse a él, en general, hay en ellas una base de «respeto mutuo» y de legitimación de la figura materna y/o paterna.

En los casos de alta conflictividad nos encontramos con una actuación contraria, en las que la o las personas implicadas se mueven desde su «yo», su dolor sin posibilidad de ver al otro/a.

Estos/as adultos/as perciben la separación como una situación de peligro que han de «ganar» si quieren sobrevivir, percibiendo ese ganar como quedarse con «todo» y hundir al otro/a todo lo que se pueda. Se puede definir esta percepción como reptiliana, es decir, acción-reacción.

Esta actitud se puede dar en ambas personas o en una de ellas, en cualquier caso, tiene muchas posibilidades de derivar en alta conflictividad y generar un entorno de hostilidad.

La reflexión que nos surge es: ¿cómo se pueden evitar estas situaciones tan perjudiciales para los hijos e hijas? ¿La madurez emocional de los padres y/o las madres tiene algo que ver? ¿Es posible que la coordinación de parentalidad permita que las personas puedan ver la realidad desde otro lugar menos hostil?

Desde el mundo de la psicología se tiene claro los efectos nocivos que conlleva el situar a los hijos/as en medio del conflicto parental y proponen como alternativa y solución el ejercicio de lo que se denomina **la parentalidad o coparentalidad positiva**, basada en los principios de igualdad, responsabilidad y cooperación con la meta de crear un ambiente seguro para los niños, niñas y adolescentes.

Nuestro ordenamiento jurídico también recoge, en diferentes lugares, la importancia del ejercicio de la coparentalidad positiva.

Destacamos los artículos 26 dentro del ámbito familiar y el 28 para los supuestos de ruptura de la **Ley Orgánica 8/2021, de 4 de junio, de protección integral a la infancia y la adolescencia frente a la violencia.**

Artículo 26. Prevención en el ámbito familiar.

1. Las administraciones públicas, en el ámbito de sus respectivas competencias, deberán proporcionar a las familias en sus múltiples formas, y a aquellas personas que convivan habitualmente con niños, niñas y adolescentes, para crear un entorno seguro, el apoyo necesario para prevenir desde la primera infancia factores de riesgo y fortalecer los factores de protección, así como apoyar la labor educativa y protectora de los progenitores, o de quienes ejerzan funciones de tutela, guarda o acogimiento, para que puedan desarrollar adecuadamente su rol parental o tutelar.

2. A tal fin, dentro de los planes y programas de prevención previstos en el artículo 23, las administraciones públicas competentes deberán incluir, como mínimo, un análisis de la situación de la familia en el territorio de su competencia, que permita identificar sus necesidades y fijar los objetivos y medidas a aplicar.

3. Las medidas a las que se refiere el apartado anterior deberán estar enfocadas a:

a) Promover el buen trato, la corresponsabilidad y el ejercicio de la parentalidad positiva. A los efectos de esta ley, se entiende por parentalidad positiva el comportamiento de los progenitores, o de quienes ejerzan funciones de tutela, guarda o acogimiento, fundamentado en el interés superior del niño, niña o adolescente y orientado a que la persona menor de edad crezca en un entorno afectivo y sin violencia que incluya el derecho a expresar su opinión, a participar y ser tomado en cuenta en todos los asuntos que le afecten, la educación en derechos y obligaciones, favorezca el desarrollo de sus capacidades, ofrezca reconocimiento y orientación, y permita su pleno desarrollo en todos los órdenes.

(…).

Artículo 28. Situación de ruptura familiar.

Las administraciones públicas deberán prestar especial atención a la protección del interés superior de los niños, niñas y adolescentes en los casos de ruptura familiar, adoptando, en el ámbito de sus competencias, medidas especialmente dirigidas a las familias en esta situación con hijos y/o hijas menores de edad, a fin de garantizar que la ruptura de los progenitores no implique consecuencias perjudiciales para el bienestar y el pleno desarrollo de los mismos.

(…).

La conclusión es obvia, es más que deseable que exista la colaboración de los padres y las madres en la crianza de los hijos y las hijas. Esta es una de las principales funciones que tiene el o la coordinadora de parentalidad, que tanto los padres como las madres perciban la importancia de esa colaboración.

Supuesto más difícil: la revinculación paterno/materno filial

Los mandatos judiciales más difíciles de trabajar son los llamados de *revinculación de las relaciones* paterno/materno filial, que hacen referencia a aquellos supuestos en que un hijo o una hija, o varios/as de ellos/as, no quieren relacionarse sin causa que lo justifique con el padre o con la madre, y ello con independencia del régimen de guarda o de relación establecido en la sentencia.

Antes de proseguir, queremos advertir que siempre estamos hablando de casos en que los hijos y/o las hijas no están en un peligro real, es decir, no existe un contexto de abuso parental real.

Nuestra experiencia nos indica que la situación es fruto de la historia de la familia.

Es decir, la ruptura del vínculo del hijo/hija con uno de sus progenitores/as es el síntoma de algo más profundo que en la mayoría de los casos tiene su causa en la conflictiva que mantienen los adultos/as.

Dejando de lado el debate que existe sobre la terminología (Alienación Parental, Síndrome de Alienación parental, interferencias parentales, instrumentalización, lavado de celebro…) y siguiendo a Asunción Tejedor[1] *el síntoma principal es que el niño o la niña se niega o se resiste al contacto con uno/a de sus progenitores/as. Esto le puede provocar ansiedad y/u hostilidad irracional hacia el progenitor/a rechazado, que pueden haber sido provocadas por el progenitor/a preferido/a o por otras circunstancias, como el niño o la niña que evita ser atrapado entre las luchas de sus progenitores/as.*

Es importante que el sistema institucional actúe con agilidad, muchos de los/las profesionales que nos dedicamos a las familias desde diferentes ámbitos, observamos en bastantes ocasiones que el tiempo juega en contra de los hijos y de las hijas.

Sentimos indicar, que el sistema judicial en muchas ocasiones no está a la altura de las circunstancias, pues cuando se presentan demandas donde se pone de manifiesto que uno de los hijos/as o todos/as no quiere relacionarse con uno/a de sus progenitores/as sin justa causa, los tiempos procesales deben reducirse al máximo y las resoluciones adoptadas deben ejecutarse, pues nos encontramos en que aunque la resolución establezca el tipo de guarda o el reparto de tiempo de la relación con el padre/madre se incumplen de manera reiterada y a lo largo del tiempo, sin ningún tipo de consecuencia.

Por otro lado, hay que tener en cuenta el tiempo que transcurre desde que se dicta la resolución donde se acuerda la intervención de coordinación de parentalidad, hasta que se inicia la intervención.

De igual manera, el inicio de la intervención no implica que de manera inmediata se restablezca las relaciones con los hijos/as.

---

1   CHECA CARUANA Mariela (Coord.) 2021 *De las interferencias parentales a la violencia filioparental*. Ed. Morata.

No hay que olvidar que en estos supuestos las relaciones están extremadamente deterioradas y las posiciones polarizadas, por lo que la coordinación de parentalidad ha de empezar a deshacer el camino andado trabajando el daño, sufrimiento sentido junto con la construcción de una realidad más amable para todos/as los miembros de la familia, y en concreto, los NNA.

Son procesos muy complejos.

Así nos encontramos que al daño y sufrimiento hay que añadir que los adultos no asumen su parte de responsabilidad en la situación de desvinculación de sus hijos/as con alguno de sus progenitores.

Son situaciones de polarización entre las dos líneas de la familia con la percepción, aunque sea de manera inconsciente, de que «gana» quien se queda con el niño, niña o adolescente.

Nos encontramos con situaciones dantescas y dramáticas en las que a pesar de la existencia de resoluciones que no modifican el régimen de guarda compartida, de informes del equipo técnico que establecen la necesidad de restablecer sin dilación la relación madre/hijo/a, padre/hijo/a e incluso resoluciones donde se establece la intervención de un coordinador/a de parentalidad, no se cumplen sin consecuencia alguna.

Es el caso descrito más abajo en que el hijo con 12 años dice que no se quiere ir con la madre y tres años y medio más tarde, a pesar de solicitar auxilio judicial la situación no ha cambiado, es decir, la madre no ve a su hijo desde entonces ni tiene comunicación alguna con él.

Este es un ejemplo de patología de la judicialización, la propia dinámica procesal no ha evitado el impacto emocional sobre el hijo, a pesar de la evidencia de un conflicto de lealtades que ha resuelto el hijo con todo lo que ello conlleva para su sano desarrollo, y su salud.

Este es motivo suficiente para que exista y se implante la especialización en familia dentro de la jurisdicción.

Por otro lado, no hay que olvidar que existe numerosa legislación que recoge el derecho de los niños, niñas y adolescentes a relacionarse con sus progenitores.

Dentro de ella destacamos:

– **Convención de los derechos del niño.**

> Art. 9.3 «… respetarán el derecho del niño que esté separado de uno o de ambos padres a mantener relaciones personales y contacto directo con ambos padres de modo regular…».

– **Recomendación 19/2006 Comité ministros Consejo Europa.**

Destaca la importancia de la responsabilidad parental y la Parentalidad positiva.

La parentalidad positiva favorece el desarrollo de relaciones pater-no-filiales beneficiosas y la optimización del potencial de desarrollo del niño.

Artículo 14 de la Carta europea de los derechos del niño aprobada por Parlamento Europeo (18 julio 1992)

«En caso de separación de hecho, separación legal, divorcio de los padres o nulidad del matrimonio, el niño tiene derecho a mantener contacto directo y permanente con los dos padres».

Artículo 24.3 de la Carta de los derechos fundamentales de la Unión Europea (2000/C 364/01)

«Todo niño tiene derecho a mantener de forma periódica relaciones personales y contactos directos con su padre y con su madre, salvo si ello es contrario a sus intereses».

CASO PRÁCTICO. Cuando los tribunales llegan tarde

1. Previo

Matrimonio que se separa cuando el hijo en común tiene 8 años.

Guarda: en medidas provisionales se le otorga a la madre, en definitivas se establece una guarda compartida.

Juzgado: por territorialidad corresponde a un juzgado mixto, de primera instancia e instrucción, donde hay un cambio constante del juez/a (en los tres últimos años han intervenido 3 juezas diferentes).

Procesos judiciales: ámbito civil (procedimientos contenciosos divorcio, modificación de medidas, ejecuciones de sentencias, todos ellos con sus respectivos recursos apelación).

Profesionales que intervienen: Servicios Sociales, Pediatría, Mediación, Peritajes psicológicos, Abogacía, Psiquiatría, equipos técnicos del juzgado, policía.

Observaciones: el padre está diagnosticado con la patología de Síndrome de Asperger y Trastorno Delirante.

2. Situación actual

El hijo al cumplir los 12 años tras las vacaciones de verano manifiesta que no quiere ir con la madre, el padre manifiesta, de manera escueta por mail, que apoya la decisión de su hijo y que no le obligará a ver a su madre.

Ha pesar de que la madre ha intentado hablar con él, este ha cortado la comunicación con ella por todas las vías: telefónica, whatsapp, presencial...

La madre ha intentado hablar con el padre sin éxito, pues este da como única respuesta que respeta la decisión de su hijo.

Procedimiento judicial: se interpone ejecución de sentencia por parte de la madre donde se solicita una coordinación de parentalidad, y por parte del padre modificación de medidas solicitando la guarda exclusiva para él.

El órgano judicial explora al hijo y ante la negativa de este a ver a su madre suspende el régimen de guarda, así como de visitas de la madre. Desestimando la intervención de un/a coordinador de parentalidad.

Informe del equipo técnico: que se reanude de manera inminente la relación de la madre con el hijo bajo peligro dañar la relación maternofilial.

En modificación de medidas interpuesta por el padre solicitando la guarda exclusiva se desestima totalmente y se acuerda la intervención de profesionales de la coordinación de parentalidad, sin establecer ningún dato más tal como de qué institución se designa, el tiempo, objetivos...lo cual ha llevado a que no se designe a nadie a pesar de solicitarse la ejecución de la sentencia que actualmente está en apelación.

El fallo de la sentencia establece el siguiente acuerdo por parte del órgano judicial:

ACUERDO la intervención de un coordinador de parentalidad para restituir de forma progresiva y paulatinamente las visitas del menor con la madre, hasta que pueda alcanzar el cumplimiento del régimen de guarda y custodia compartidos en los términos establecidos en la sentencia (...)

Sin embargo, al no remitir oficio a institución alguna para que se nombre un/a profesional no se ha llevado a cabo dicho nombramiento a pesar de que la madre ha solicitado dicho nombramiento, proponiendo profesionales, al padre primero y posteriormente al órgano judicial.

En este caso se nos plantean diferentes cuestiones a reflexionar:

Aunque el orden jurisdiccional da la razón a la madre, de facto no está resolviendo el problema. ¿Se puede actuar de manera diferente para gestionar este tipo de conflictos?

¿Qué mensaje está dando la sociedad al hijo?

¿La falta de especialización en familia del órgano judicial ha llevado a que la adopción de medidas adecuadas se dilate en el tiempo?

En definitiva, se nos planea si se podría haber evitado esta situación con la intervención de un/a coordinador/a de parentalidad desde el momento que el hijo manifiesta que no quiere ir con su madre.

¿Qué es la coordinación de parentalidad?

Definición académica

La definición más ampliamente aceptada es la de la Association of Family and Conciliation Courts de los EE. UU.: la coordinación de parentalidad es «un proceso alternativo al judicial de resolución de disputas centrado en los niños/niñas, en el que uno/a profesional del ámbito jurídico o de la salud mental con formación y experiencia en mediación, ayuda a los progenitores con alta conflictividad a implementar el plan de parentalidad, facilitando la resolución de las disputas, educando a los progenitores en las necesidades de los hijos/as, en habilidades de comunicación y, en determinados casos, tomando las decisiones por delegación de los progenitores» (AFCC, 2005)[2].

En la práctica la coordinación de parentalidad consiste en deshacer un camino andado de manera descoordinada donde la hostilidad entre sus miembros adultos, traducida en la judicialización del conflicto, ha ocasionado y ocasiona un daño y un sufrimiento, en especial a los hijos e hijas de esa pareja que se ha separado/divorciado.

Ese sufrimiento deriva principalmente en que esos niños, niñas y/o adolescentes se encuentran sumergidos en un conflicto parental lo que conlleva a que se vean privados de la protección que necesitan, especialmente es esta etapa de su desarrollo tan frágil, en todos los ámbitos de su vida ya que los/ as adultos han desatendido parte de sus competencias parentales al estar inmersos en una «guerra» en la que el enemigo/a es el otro/a.

Es decir, la coordinación de parentalidad, supone la intervención del equipo de profesionales que en coordinación con los/as profesionales que han atendido de diferentes formas y en diferentes ámbitos a la familia (Servicios Sociales, Salud, Jurídicos, Judiciales, Psicológicos, Psiquiátricos...) intervienen en ella para facilitar, acompañar, ayudar y/o mostrar la vía para poder reconducir la situación de alta conflictividad a una que se aproxime a la parentalidad positiva a fin de generar un ambiente seguro de desarrollo para sus hijos/as.

Hay que aclarar que la Coordinación de parentalidad no implica la imposición a las familias de un modelo educativo, tomar decisiones que corresponden a los titulares de la patria potestad o en su defecto al órgano judicial, obviar una situación de peligro física o psicológica de cualquiera de los miembros de la familia (más allá del daño que se produce por vivir en un ambiente hostil derivado del conflicto parental).

El objetivo de la intervención no es otra que la **protección y el bienestar integral** de la infancia, adolescencia, así como de las personas con capaci-

---

2   Traducidas por el Grupo de Trabajo de Coordinación de Parentalidad de la Sección de Alternativas de Resolución y Gestión de Conflictos del Col·legi Oficial de Psicòlegs de Catalunya (COPC), España, en colaboración con el Grupo de Trabajo de Coordinación de Parentalidad de Espacio Sistémico de Buenos Aires, Argentina.

dad modificada judicialmente, esta protección precisa de la voluntad y compromiso de los/as adultos, para que adquieran, desarrollen o retomen sus competencias parentales.

2. Comparación con la mediación familiar

Diferencias entre la coordinación de parentalidad y mediación familiar

La CP comparte habilidades y conocimientos con profesiones afines, en muchas ocasiones oímos que la CP es cómo una mediación familiar especializada, sin embargo, en nuestra opinión no es del todo correcto, por ello nos gustaría hacer especial hincapié en diferenciar la CP de la mediación familiar:

Mediación familiar

Definida la coordinación de parentalidad, ahora abordaremos la definición lo que es la mediación de una manera sucinta.

La mediación es un **espacio de diálogo** con el objetivo de que las partes en conflicto puedan llegar a un acuerdo satisfactorio para ellas a través de una tercera persona que facilita y garantiza dicho espacio, el mediador o mediadora.

La mediación tiene diferentes especialidades según el ámbito, así nos encontramos con la mediación familiar, escolar, organizacional, sanitaria, laboral, empresarial, comunitaria…

Centrándonos en la familiar, vamos a desarrollar los aspectos que la diferencian de la coordinación de parentalidad.

Voluntariedad

Como es sabido este proceso es **voluntario**, es decir, nadie puede obligar a las partes a sentarse en la mesa de mediación, y tampoco a permanecer en ella.

En algunas comunidades autónomas se habla de mediación obligatoria para referirse a la sesión previa de mediación derivada desde un proceso judicial, cuando el órgano judicial considera que la mejor forma de resolución del conflicto familiar es que sean el padre y/o madre quienes la encuentren a través del dialogo. Esta sesión previa tiene como objetivo informarles de lo que es un proceso de mediación, sus principios y, si los/las progenitores lo consideran oportuno inicien la exploración del conflicto que les ha llevado a la vía judicial.

Fuera de este supuesto, la sesión previa intrajudicial, la mediación familiar es voluntaria.

Este es uno de los principales puntos en que se diferencia de la CP, la voluntariedad, pues en esta última existe un mandato judicial que conlleva a que padre/

madre entren y permanezcan en la CP hasta que se cumpla dicho mandato, es decir, si un juez/a establecen la CP, esta resulta de obligado cumplimiento.

Lo óptimo es que ambos progenitores soliciten a través de sus letrados/ as la CP, de esta manera lo puede acordar el órgano judicial a través de una resolución judicial que deberán cumplir, por lo que si en algún momento uno de los/as progenitores/as quiere desistir de la CP deberá fundamentarlo adecuadamente ante el órgano judicial, quien deberá resolver al respecto.

Sin embargo, la realidad dista, en muchas ocasiones, de ella pues en los escenarios de alto conflicto parental siempre hay uno de los/as progenitores/as que no tiene ningún interés en que la situación se modifique porque «argumenta» que mantenerla es lo que más beneficia a sus hijos/as.

Este es el motivo por el que el órgano judicial, en ocasiones, ya sea de oficio o porque lo solicita una de las partes o porque los equipos psicosociales lo aconsejan, lo acuerda sin el beneplácito de todas las personas que ha de intervenir.

En la práctica nos encontramos con que, por diferentes motivos, existen familias en una evidente alta conflictividad, sin embargo, no se designa una coordinación de parentalidad u otro mecanismo para intervenir, lo que supone que se deja a NNA desprotegidos.

Por un lado, tenemos en cuenta que aún existe cierto desconocimiento de la Coordinación de Parentalidad, y por otro, también es cierto que hay profesionales que intervienen desde diferentes ámbitos en familias con alta conflictividad son conocedores de que para poder ayudar reconstruyendo o transformando las dinámicas y/o relaciones familiares es precisa la intervención de profesionales de la coordinación de parentalidad, sin embargo, ya sea por desconocimiento de cómo solicitarlo, de cómo nombrarlo o, por el propio desaliento del «ya no sabemos que más hacer con esta familia», …no se nombran.

Más adelante hablaremos de la **intervención sin mandato judicial**, que como veremos puede tener efectos muy positivos, especialmente, de prevención de conflictos, pero no es Coordinación de Parentalidad.

Intervención profesional

La mediación se desarrolla a través de sesiones, presenciales o virtuales, con el padre y/o madre que pueden ser individuales (caucus) o conjuntas, durante un determinado periodo de tiempo.

En la CP, también se producen reuniones/sesiones con los padres/madres, no obstante, para poder coordinar la resolución del conflicto, han de tener una visión más holística del mismo, por ello su intervención, el/la profesional de la CP, acapara todo el sistema familiar, así como el resto de profesionales que han trabajado o trabajan con la familia.

– Los hijos/hijas si tienen edad suficiente.

– E entorno familiar (abuelos/as, tíos/as, primos/as, nuevas parejas de los/las progenitores/as, hijos…).

- El entorno educativo (profesores/as, tutores/as, directores/as escuela/ instituto…).
- Entorno sanitario (pediatría, psiquiatría, psicología, terapeutas…).
- Profesionales que han intervenido en la conflictiva de la familia (Servicios Sociales, Mediación, EATAF, DGAIA, equipos psicosociales, peritación…).

3. Objetivos de la coordinación de parentalidad

Establecimiento de objetivos y su importancia

El **objetivo** en la mediación familiar lo establecen las personas que se sientan en la mesa de mediación, es decir, los/as progenitores/as y pueden abarcar aspectos que no tienen nada que ver con sus hijos/as.

En la coordinación de parentalidad el objetivo lo establece, o debería establecer, el órgano judicial.

Teniendo en cuenta que el objetivo general de la coordinación de parentalidad es proteger a los niños, niñas y adolescentes de la conflictividad familiar en los supuestos de ruptura de los/las progenitores/as, pero el o los objetivos específicos los establece el órgano judicial:

- Mejorar la comunicación.
- Elaborar un Plan de Parentalidad.
- Implementar un Plan de Parentalidad.
- Mejorar las competencias parentales.
- Revincular a padre/madre con hijos/as.

Tiempo

La mediación familiar es un proceso relativamente ágil, pues el proceso, que puede acabar con o sin acuerdo, no suele dilatarse en el tiempo, especialmente si existe un proceso judicial abierto (lo que se conoce como mediación intrajudicial).

En la mayoría de casos, una mediación familiar no suele superar las **6 sesiones**.

En cambio, en la CP dada la conflictiva, que no hay que olvidar es alta, es casi unánime que la intervención, con independencia del objetivo/s específicos, sea como mínimo de **un año** susceptible de poderse prorrogar por otro año en periodos de 6 meses.

La coordinación de parentalidad es una **intervención intensa**, desde el nombramiento y aceptación del encargo, los/las profesionales trabajan a diario no solo en reuniones/sesiones con los diferentes miembros de la familia, sino que se coordinan, como ya hemos indicado, con todos los profesiones que han intervenido en el pasado y/o intervienen en el presente, el equipo de coordinación de parentalidad se reúne a efectos de establecer el camino a seguir para de este modo poder transformar los aspectos negativos del conflicto en positivos: normas de comunicación entre progenitores, medidas urgentes para que no escale más el conflicto, informes, elaboración de actividades para que los padres/madres reflexionen sobre la situación actual y la repercusión en sus hijos, aspectos psicoemocionales...

Tal y como nos indica el autor Sergi Farré Salvà[3] desde el punto de vista de la conflictología el conflicto es algo vivo y por lo tanto es dinámico:

> Desde la óptica de la Resolución de Conflictos (RC), el conflicto puede definirse como un **fenómeno dinámico** que surge entre dos o más personas o grupos de personas y en el cual existen percepciones, intereses y posiciones que caracterizan la visión de cada una de las partes, presentándose total o parcialmente de forma divergente y opuesta entre sí.
>
> Sin embargo, por negativo que sea el conflicto (valorado por la presencia de violencia y de perjuicio psicoemocional o material entre las partes), la RC mantiene que la paz es un arte y una ciencia y que, por lo tanto, existen herramientas, métodos y procesos que pueden permitir, con la imprescindible participación de las partes y la posible asistencia de un tercero imparcial (mediador formal o informal, consultor, conflictólogo...), su gestión y transformación positivas.

4. Intensidad del conflicto en la coordinación de parentalidad

Manejo de conflictos de alta intensidad

Otra de las diferencias entre mediación familiar y coordinación de parentalidad es la intensidad de conflicto, entendiendo por intensidad la presencia o no de violencia en sus tres dimensiones (directa, estructural y cultural)[4].

Como mecanismos de Resolución de Conflictos[5], la mediación familiar es óptima cuando la intensidad del conflicto no es alta, en cambio, cuando existe una alta intensidad (presencia de las tres violencias que se traducen

---

3   FARRÉ SALVÁ, Sergi, *Taller de mediación: un enfoque socioafectivo*, 2003 editorial Ariel.

4   GALTUNG, Johan, *Tras la violencia, 3r: reconstrucción, reconciliación, resolución*, Bakeaz y Gernika Gogoratuz, Bilbao, 1998.

5   Actualmente se utiliza la terminología MASC (Métodos Adecuados de Solución de Controversias).

normalmente en alta litigiosidad judicial) es precisa la intervención de una coordinación de parentalidad para poder establecer las estrategias y herramientas precisas y necesarias que permitan resolver la conflictiva.

Es mejor un mal acuerdo que un buen pleito, dicen.

Podemos estar totalmente de acuerdo en este dicho, sin embargo cuando la intensidad de un conflicto es alta hay una merma sustancial en la capacidad de escuchar y razonar debido a la escalada constante del conflicto, por lo que las partes (y su entorno cercano), cualquier aspecto que suponga aproximar posiciones, intereses y necesidades, es decir, mirar más allá del momento actual, lo viven como un ceder vergonzoso (encima he de ceder ¡!!, siempre cedo yo...), como una derrota (siempre hay que hacer lo que él/ella dice, siempre gana él/ella)y, porque no decirlo, como una humillación (no pinto nada, me han robado a mis hijos/as...), para poder llegar a un acuerdo es preciso bajar la intensidad del conflicto en que están sumergido.

Intentar una mediación familiar en una conflictiva alta, es humano y loable, sin embargo, nuestra opinión es que no es lo más adecuado pues consideramos estará abocada al fracaso, debido a que las relaciones están tan dañadas que las partes no son capaces de escucharse, razonar y la capacidad de entender está seriamente perjudicada. Todo ello conduce a que el dialogo no sea posible.

Lo que la experiencia demuestra, es que, si se recurre a mediación familiar, antes de que el conflicto escale, las posibilidades de prevención de esa escalada son mayores que si no se recurre a ella.

5. Confidencialidad e Informes en la coordinación de parentalidad

Principios de confidencialidad y reportes

Otro de los aspectos que diferencia a la mediación familiar de la coordinación de parentalidad es la confidencialidad.

En la mediación familiar la confidencialidad es uno de los pilares en que se asienta, lo cual implica, parafraseando el famoso dicho de Las Vegas, que:

«Lo que ocurre en la mesa de mediación, se queda en la mesa de mediación».

Este principio se aplica incluso en los casos de mediación familiar intrajudicial, donde el mediador o la mediadora ha de informar al órgano judicial de si ha existido o no acuerdo, pero en ningún caso del contenido del mismo, en el supuesto en que se haya alcanzado (este acuerdo queda en manos de las personas que participan en la mediación para que se lo trasladen a sus respectivos abogados/as) o, en caso de no alcanzarlo no ha de comunicar los motivos por los que no se llegó a él, sencillamente se comunica que los/las mediados/as no han alcanzado un acuerdo.

Este principio se extiende a que el mediador o la mediadora que interviene está amparado/a por el secreto profesional, por lo que en caso de ser requerido a testificar en un proceso judicial estaría amparado por dicho secreto.

Como hemos señalado, en la coordinación de parentalidad hay una comunicación, más o menos fluida, con el órgano judicial a efectos de facilitar y hacer seguimiento de la intervención encomendada, o lo que es lo mismo, del cumplimiento del mandato judicial.

Esta comunicación no tiene, o al menos consideramos que no debería tener, una finalidad fiscalizadora, sino de coordinación entre el juez/a y el equipo de coordinación de parentalidad, con el objetivo de ayudar a la familia en cuestión.

Se ha puesto de manifiesto en diferentes foros y congresos que la coordinación de parentalidad supone ser «los ojos» del órgano judicial, pues por la propia estructura de los procesos judiciales hay mucha información a la que no pueden acceder. En última instancia esta comunicación sirve para poder entender qué le pasa a esa familia.

Por otro lado, los y las profesionales de la coordinación de parentalidad han de presentar uno o varios informes (según la duración de la coordinación de parentalidad) al órgano judicial, este informe recoge las acciones que se han seguido, y en general se informa del proceso, pero no del contenido de las conversaciones existentes durante dicho proceso, pues estás son confidenciales.

6. El equipo de coordinación de parentalidad

Necesidad de un enfoque multidisciplinar

Entendemos que para poder intervenir de manera correcta y eficaz en una familia de alta conflictividad es preciso hacerlo a través de un equipo multidisciplinar. Esto lo consideramos imprescindible.

Si queremos destacar que, aunque nosotros defendemos la intervención en equipo, la coordinación de parentalidad no ha alcanzado aun el deseado desarrollo como para que así sea, en muchos casos por la propia estructura desde dónde se ofrece el servicio como puede ser el caso de ayuntamientos donde solo hay una persona contratada.

El trabajo en equipo ofrece aspectos ventajosos (diferentes miradas del conflicto, aportaciones complementarias a la solución del conflicto, mayor creatividad, gestionar las diferentes afinidades con los diferentes miembros de la familia, etc...) y otros no tanto, en relación a estos últimos destacan aspectos materiales como son los recursos económicos, y otros inmateriales de los que destacaríamos el saber trabajar en equipo.

En los procesos de mediación familiar, si bien es cierto que se pueden llevar a cabo a través de un equipo, la llamada co-mediación, opinamos que al tratarse de conflictos de baja/media intensidad no resulta tan encarecidamente recomendable como en la coordinación de parentalidad.

7. Mandado judicial y coordinación de parentalidad

La importancia del mandado judicial en la intervención

¿Es Coordinación de parentalidad si no existe mandato judicial?

Sin lugar a dudas, defendemos que sin mandato judicial no hay coordinación de parentalidad, es algo intrínseco a esta intervención.

La experiencia nos demuestra que intentar intervenir en una familia con alta conflictividad sin ese mandato está abocado al fracaso, pues sin el marco del órgano judicial, es decir, de su autoridad el/la profesional queda en manos del padre/madre y el resto de familia, que recordemos están sumergidos en una alta conflictividad con lo que ello implica.

Para poder resolver la alta conflictividad es preciso recurrir a una autoridad que trascienda a la familia.

Esto no es óbice para que los profesionales de coordinación de parentalidad puedan desarrollar una función de ayuda, prevención y acompañamiento a familias que inician una ruptura a través de elaborar conjuntamente un Plan de Parentalidad o si ya existe, adecuarlo a nuevas circunstancias.

Alabamos esta función que consideramos importante, sin embargo, no le podemos dar la misma nomenclatura. Para designarla abogamos por hablar en estos casos de «profesionales de la parentalidad o coparentalidad».

Como ya hemos indicado, la intervención de la CP implica no solo hablar con el padre/madre sino con todos los/as profesionales que han intervenido en la famila (escuela, salud, extraescolares...) por lo que sin la resolución judicial autorizándolo no sería posible por un tema de protección de datos como es obvio.

¿Qué necesitamos los y las profesionales de la coordinación de parentalidad?

Hemos podido comprobar que si se concurren determinadas circunstancias la coordinación de parentalidad tiene más posibilidades de alcanzar el éxito, es decir, poder intervenir en la familia para reconducir las actitudes disruptivas en constructivas.

Consideramos que es preciso tener un marco de actuación claro, para ello necesitamos lo siguiente:

Un mandato judicial

Como ya hemos indicado, sin mandato judicial no puede haber coordinación de parentalidad. Sin embargo, es preciso que dicho mandato reúna una serie de condiciones para poder intervenir con todas las garantías.

Es preciso que sea claro, concreto y sin fisuras para que podamos desarrollar bien nuestro trabajo.

Es decir, necesitamos saber qué necesita el juez o la jueza, en muchas ocasiones nos encontramos una resolución judicial en la que solo se establece que se nombre un/a coordinadora de parentalidad, sin más.

«Se acuerda la intervención de un coordinador de parentalidad».

En ocasiones sí que establecen algunos datos más, pero no suficientes:

«Las partes acuerdan someterse a un coordinador de parentalidad que será designado por el Colegio de Psicólogos, debiendo dicho coordinador ser abonado en un 60 % por el padre y un 40 % por la madre».

Insistimos de manera encarecida en que un mandato judicial donde se recojan todos los aspectos necesarios de manera concreta es crucial.

No olvidemos que estamos en alta conflictividad, por lo que prima el pelear al colaborar, y cualquier fisura será aprovechada por ambos y/o por uno de ellos/as para volver a la «guerra».

Qué debe recoger el mandato, desde nuestra experiencia es preciso que se recojan cómo mínimo los siguientes elementos:

– Objetivo u objetivos específicos para los que se designa una coordinación de parentalidad.

– Funciones concretas del o la profesional.

– Tiempo de intervención (mínimo un año) y sus posibles prorrogas.

– Temporalidad del informe.

– Autorización para acceder al expediente judicial.

- Autorización para entrevistar a los y las profesionales/instituciones que han intervenido o intervienen en la familia, tanto del/la coordinador/a de parentalidad como los miembros de su equipo.
- Determinación de cómo asumen los costes de la intervención los/las progenitores/as.
- Institución dónde se ha designar al o la profesional.

8. Funciones específicas de la coordinación de parentalidad

Roles y responsabilidades del coordinador

Como ya se ha indicado, la concreción de las funciones del o de la profesional facilita la intervención.

Estás sería algunas de las funciones específicas que desarrollan los y las coordinadoras de parentalidad:

1. Ayudar a los padres/madres a desarrollar un plan de parentalidad y/o supervisar el cumplimiento de los acuerdos alcanzados. Si es necesario ayudar a modificarlos.
2. Mejorar la comunicación parental: incrementar sus habilidades, la gestión de sus emociones y la gestión de problemas.
3. Contribuir a la mejora parental en atención a las necesidades de sus hijos o de sus hijas.
4. Mejorar las relaciones paternofiliales/maternofiliales i las dinámicas familiares con la familia extensa.
5. Mitigar las situaciones de estrés o disfuncionales de os hijos/as surgidas a raíz de la situación de reajuste post separación o divorcio.
6. Contribuir a salvaguardar las necesidades emocionales y físicas de los niños, niñas y adolescentes.
7. Evaluar el impacto emocional del conflicto parental en los niños, niñas y adolescentes.
8. Informar a los/as progenitores/as sobre el impacto del divorcio en sus hijos/as y en el desarrollo de estos/as.
9. Tomar pequeñas decisiones que están bloqueando el proceso.
10. Coordinarse con los servicios que intervienen o han intervenido en la familia.
11. Informar de los efectos nocivos de la ruptura de pareja y de las relaciones conflictivas.

12. Potenciar las habilidades parentales, de comunicación y resolución de conflictos.

13. Informar al juez o la jueza del desarrollo del proceso y, en su caso, proponer mejoras.

9. La autoridad del coordinador en el proceso judicial

Relación con el sistema judicial y su influencia

Que el órgano judicial indique en sede judicial a los/las progenitores/es la importancia de que colaboren con los/las profesionales de la coordinación de parentalidad facilita la relación.

Se trata de que el juez/a indique que confía en los/las coordinadores de parentalidad.

Por ello, nuestra experiencia nos indica la conveniencia de que la aceptación del cargo se realice en una vista en presencia de los/las progenitores con sus letrados/as.

Lamentablemente, esta no suele ser la norma, sino que el o la profesional aceptan la designa ante el auxiliar/gestor/a judicial.

Hay algunos detractores que atacan a esta profesión indicando que la coordinación de parentalidad implica que el juez/a delega/otorga su autoridad a el/la coordinador/a de parentalidad. Queremos indicar que este argumento es totalmente falso, pues como es sabido, el/la coordinadora de parentalidad está sujeto al mandato dado por el juez/a. Y, en todo caso, no tiene potestad para tomar decisiones.

10. Duración y tiempo de intervención

Establecimiento del tiempo necesario para la intervención

Como ya hemos indicado, intervención ocupa un lapso de tiempo importante para las familias, la mayoría de profesionales, así como de autores tanto a nivel nacional como internacional, coincidimos en que la duración no ha de seri inferior a un año, y es normal, pues la alta conflictividad requiere que se transformen la manera de relacionarse en el propio sistema familiar que, no olvidemos, llevan años, sino décadas peleándose.

De hecho, según el mandato judicial y año pues resultar incluso escaso, son los supuestos de desvinculación con los hijos e hijas con uno/a de sus progenitores.

Por ello insistimos en que es necesario que desde el órgano judicial se establezca también las prórrogas de la intervención.

11. Costes de la intervención

Gestión de los cortes en la coordinación de parentalidad

También es necesario que lo establezca la resolución, pues es una de las causas por las que pueden volver a pelearse dilatando de esta manera el inicio de la intervención.

La práctica actual es considerarlos como gastos extraordinarios y que como tales los asuman los/las progenitores/as.

En todo caso, si no estuvieran estipulados por la razón que sea, es importante que lo señale el juez o jueza.

¿Qué obstáculos nos encontramos?

La mayoría de los padres y madres quieren lo mejor para sus hijos/as, sin embargo, en los supuestos de alta conflictividad, ese deseo no se traduce en realidad.

En términos absolutos, todos los padres y todas las madres cometen errores, es humano, y la coordinación de parentalidad no pretende ser dogmática en cómo hay que educar a un niño o a una niña, nada más lejos de la realidad.

La coordinación pretende ayudar a recuperar el conocido «sentido común» de los padres y de las madres.

Hay que tener presente que la intervención de un equipo de CP es una invasión en la intimidad de una familia, y puede haber resistencias a ella.

Por eso queremos compartir algunos de los obstáculos que la experiencia nos ha mostrado:

En la designa

Debería ser muy concreta, no de manera general.

Concreta implica especificar el mandato judicial para qué se requiere la intervención, cuáles son las funciones del o la coordinadora de parentalidad, cual es el tiempo de intervención, obviamente, dependerá del mandato, pues no es lo mismo que los progenitores mejoren la comunicación que se solicite una revinculación de los hijos/as con el padre o con la madre, En todo caso, y teniendo en cuenta que la intervención siempre es en casos de alta conflictividad, lo deseable es que como mínimo se establezca un plazo de 1 año.

Por ejemplo:

«Acordar el nombramiento de un Coordinador de Parentalidad, a fin de solucionar el conflicto existente en el núcleo familiar y reestablecer, siguiendo las pautas de los profesionales designados, la relación entre los dos menores,y el progenitor paterno. Corresponderá al Coordinador designado informar a este órgano acerca de la evolución de la relación paternofilial.

El Coordinador Parental será designado a través de las listas proporcionadas por ANCOPA de entre los especialistas en parentalidad, configurándose como un gasto que deberá ser abonado por partes iguales entre los progenitores».

Si bien este mandato es más concreto que los ejemplos expuestos anteriormente, necesitaríamos más precisión.

He aquí un ejemplo de resolución judicial que por su concreción nos facilita mucho el trabajo:

Se acuerda la intervención en estos autos de un/a Coordinador/a de Parentalidad, cuyo nombramiento recaerá en la persona de XXXXX.

La persona designada, que actuará con la condición de perito, deberá aceptar y jurar el cargo.

Una vez aceptado y jurado el cargo, el/la coordinador/a de Parentalidad, vendrá obligado al desempeño de su cometido con las funciones, facultades y obligaciones siguientes:

A) Funciones específicas del coordinador/a designado:

Son funciones propias del Coordinador/a:

1. Colaborar con los progenitores para procurar un correcto ejercicio de las funciones parentales de éstos respecto del menor/es, a cuyo fin, con el uso de las herramientas adecuadas, procurará reducir el nivel de tensión, conflicto y enfrentamiento existente entre los mismos adiestrándoles en el manejo de las situaciones de conflicto, la búsqueda consensuada de soluciones y la necesaria separación de los problemas de conyugalidad y los de Parentalidad.

2. Dar soporte, apoyo y orientación a los progenitores para que los mismos se ejerciten en la toma conjunta de decisiones que afecten al menor/es y adquieran las competencias necesarias para el adecuado ejercicio de las funciones inherentes a la patria potestad.

3. Fomentar, impulsar y promover el ejercicio positivo de la parentalidad con la implantación de pautas y criterios comunes de actuación en la educación, formación e instrucción del menor/es y la implementación y fijación de buenas prácticas parentales, como no desautorizar, descalificar o denigrar ante el menor/es la figura del otro progenitor o la de los miembros de la familia extensa de cualquiera de ellos.

4. Específicamente, en el presente caso, se encarece del coordinador/a de Parentalidad, la búsqueda activa de solución al conflicto que enfrenta a las partes, y, además, las siguientes:

a) La recuperación de unas relaciones normalizadas del padre y la madre partiendo de una reelaboración de todas las incidencias asociadas a la ruptura de su convivencia.

b) La implementación de un plan completo de parentalidad en relación con todas aquellas cuestiones referidas al desarrollo del régimen de visitas y estancias y el ejercicio positivo de la Parentalidad no reguladas en el convenio, la sentencia de modificación de medidas o en esta resolución.

c) El adiestramiento de los litigantes en la adopción autónoma, sin intervención de terceros, de todas las decisiones afectantes al menor/es y la instauración de pautas y criterios comunes de actuación y educación respecto del menor.

d) Igualmente se encomienda al coordinador/a de Parentalidad la formulación a este juzgado de cualquier propuesta que pueda suponer una mejora de las relaciones inter parentales y de las relaciones parento-filiales y la comunicación de las actuaciones de los litigantes que puedan considerarse obstaculizadoras o impeditivas del logro de los objetivos propuestos.

B) Facultades del Coordinador/a Parentalidad:

Se atribuyen expresamente al coordinador/a de parentalidad que se designe, para hacer posible un eficaz desempeño de su función, las siguientes facultades:

1.-Mantener reuniones, entrevistas o contactos, presenciales, telemáticos o telefónicos regulares y periódicos, por separado o conjuntamente, con los progenitores, con el menor/es y cualquier miembro de la familia extensa de cualquiera de ellos, e igualmente, con los profesores, tutores, directores o responsables del centro escolar en que cursen estudios los menores, así como con los servicios médicos, psiquiátricos o psicológicos que atiendan al menor/es o a los progenitores.

2.-Recabar informes de los Servicios Sociales, centros educativos a que asista el menor/es o médicos o centros sanitarios, tanto públicos como privados, en que reciban asistencia, tratamiento o terapia los mismos.

3.-Acceder al expediente judicial personándose al efecto en las dependencias del juzgado para examinar las actuaciones y obtener copia de lo que precise y recabar el auxilio del juzgado en el desempeño de su función, pudiendo asimismo mediar entre los progenitores para concretar las medidas y garantías del proceso de normalización de la vida familiar.

4.-Realizar al juzgado sugerencias, hacer recomendaciones o formular propuestas fundadas de resolución de los conflictos entre los progenitores o proponer cambios en la modalidad de su intervención cuando los considere necesarios.

5.-Proponer al Juzgado la suspensión de la intervención del Coordinador y la intervención de otro servicio o recurso social, por plazo determinado, razonándolo debidamente.

6.-Con carácter general, el Coordinador/a de Parentalidad carece de facultades para resolver las controversias o discrepancias que puedan surgir entre los progenitores sobre el modo de ejercicio de la patria potestad o el desarrollo o cumplimiento del régimen de guarda y estancias establecido, por nimias o insignificantes que fueren las divergencias.

C) Obligaciones del Coordinador Parentalidad.

Tras aceptar y jurar su cargo el/la CP vendrá obligado a:

1. Establecer un plan concreto y detallado de parentalidad, en caso de no estar recogido y regulado el mismo en el convenio o la sentencia, o completar el ya existente si el mismo fuere insuficiente, fijando, con el mayor grado de consenso posible, el procedimiento de consulta a seguir entre los progenitores para la toma de decisiones relativas a los hijos; las pautas y criterios comunes de actuación de los progenitores para con los menores en relación con sus estudios, su educación, tipo de enseñanza, religiosa o laica que recibirán, colegio al que asistirán, médicos o centros sanitarios a que deben acudir y procedimiento de consulta o comunicación en casos de urgencia vital, actividades de ocio y actividades extraescolares del menor, especialmente en la materia o cuestión que haya generado conflictividad y enfrentamiento entre los mismos.

Igualmente, para el supuesto de controversia en tales aspectos, los detalles relativos al cumplimiento del régimen de estancias de los menores con el progenitor no custodio, como los lugares y horarios de recogida y entrega; tiempo de cortesía en la espera en caso de retrasos; personas autorizadas para entregar o recoger al menor y documentación y objetos personales que deben entregarse junto con el mismo. Y, por último, previsión sobre el ejercicio de la custodia de los hijos en caso de ausencia, enfermedad, obligación laboral o internamiento hospitalario del progenitor custodio que le impida el ejercicio ordinario de la custodia.

2. Informar al juzgado, en el plazo máximo de tres meses a contar desde el día siguiente al de la aceptación del cargo, del marco de actuación diseñado, fases y objetivos de su intervención y, en su caso, el plan específico de parentalidad propuesto a las partes.

3. Remisión al juzgado de informe de evolución y resultados de la intervención seis meses después del inicio de la misma.

Asimismo, deberá remitir al juzgado los informes específicos que puntualmente se le requieran en relación con algún aspecto o punto concreto objeto de la intervención, del resultado y evolución de su intervención con el grupo familiar, avances y retrocesos que se produzcan, acuerdos y divergencias y variación sustancial de circunstancias que se produzcan.

A su vez, el juzgado debe informar al coordinador/a de Parentalidad de las incidencias procesales que se produzcan entre las partes que puedan tener repercusión en las relaciones inter parentales y de los padres con los hijos, como la interposición de nuevas demandas, la presentación de demandas ejecutivas, la elevación de la cuantía de la pensión alimenticia o la extinción o reducción de la misma, etc.

4. Remitir al juzgado el informe final de la intervención realizada, transcurrido un año desde el comienzo de la misma, proponiendo, excepcional y fundamentadamente, en su caso, la prórroga de la intervención por el plazo que se estime necesario.

5. Informar al juzgado de todas las incidencias extraprocesales que se produzcan entre las partes y puedan tener repercusión en las relaciones interparentales o de los padres con los hijos.

6. Mantener absoluta confidencialidad respecto a terceros de todos los datos de la familia a que tengan acceso o conozcan con motivo de su intervención.

La confidencialidad del CP alcanza a las partes respecto de aquellos datos, hechos o noticias relativos a aspectos personales de una de las partes del proceso que no guarden relación o carezcan de relevancia para la protección del interés superior de los menores. A estos efectos, e l/la CP comunicará aquellos al juez para que el mismo valore y decida si los mismos deben ponerse en conocimiento de las demás partes por afectar y estar relacionados con el conflicto que enfrenta a los progenitores y ser relevantes para la protección y beneficio del menor, o no.

D) Comunicación del nombramiento al Coordinador Parentalidad. Hágase entrega al Coordinador/a de Parentalidad de un testimonio de esta resolución, con indicación de que ha aceptado y jurado el cargo, para que le sirva de título y credencial para el ejercicio de su función, y asimismo, del protocolo de derivación, en que constará la identidad de las partes, su domicilio y teléfonos de contacto e indicación de la identidad de los hijos comunes.

E) Obligación de colaboración de las partes.

Se apercibe expresamente a las partes que la falta de colaboración o cooperación con el/la CP, o la obstrucción u obstaculización del desempeño de su función, podrá dar lugar a la imposición de una multa coercitiva única por incumplimiento de una obligación no pecuniaria de carácter personalísimo.

En la comunicación con el juzgador/a

Entendemos la coordinación de parentalidad como un trabajo en el equipo que incluye a todos los/as profesionales que intervienen en la familia.

Dentro de ellos/as destacamos el papel del juez o de la jueza, especialmente al principio de la intervención, pues el hecho de que los/as litigantes perciban que el juez/a habla con los/las coordinadores/as los sitúa en una posición más colaboradora.

En el tiempo

La alta conflictividad empezó siendo pequeña.

Con ello queremos resaltar que cuanto más se tarde en intervenir mucho más difícil será poder resolverlo.

No es lo mismo intervenir cuando la escalda del conflictivo tiene una duración de un año que cuando llevan 10 años judicializados.

Hay hijos e hijas que desde que nacieron han vivido en el conflicto de sus padres/madres, para ellos/as es una realidad habitual, no conocen otra forma de relacionarse.

Por ello insistimos en que una vez detectada la conflictiva la intervención profesional puede reconducir con mayor facilidad a las relaciones sanas para que esos padres y madres puedan ejercer una parentalidad o coparentalidad positiva.

12. Situaciones comunes en casos de alta conflictividad

Identificación de patrones en casos conflictivos

Como ya hemos indicado, en las separaciones de alta conflictividad donde se pone en riesgo el desarrollo sano de los hijos e hijas se suele repetir algunas de las situaciones que se describen a continuación.

Resaltar que muchas de ellas ya se daban antes de la ruptura de la pareja, otras emergen a raíz de la separación.

Mala comunicación

Podríamos afirmar que la mala comunicación entre los padres y/o madres aparece de manera repetida y sucesiva en todos los supuestos de alta conflictividad.

Como se sabe, la buena comunicación es la base de las buenas relaciones.

Los padres y/o las madres tienen interiorizado su discurso en relación a lo que ha ocurrido, esto entra dentro de lo normal, sin embargo, el problema surge cuando no son capaces de dar un paso más a efectos de solucionar, gestionar, educar, etc., a sus hijos e hijas de manera conjunta.

Esta es la primera fisura con la que nos encontramos, donde la parte emocional adquiere la supremacía en cuanto a la comunicación entre padres y/o madres. Pues no pierden ocasión de hacer reproches continuos, juzgar al otro/a, ponerse en el papel de víctima, manipular... Ya sea de manera directa o con sutilezas.

Se sitúan en posiciones duales de ataque y defensa, lo que es bueno y lo que malo, verdad-mentira, ganar-perder, en definitiva, son adversarios/as lo que conlleva a situar a sus hijos/as en la posición de «botín», aunque de ello no sean conscientes porque los quieren.

La consecuencia surge por si sola, en relación a los hijos e hijas, la mala comunicación de sus padres/madres, adquiere una dimensión que impide establecer un marco sano de desarrollo de esos niños y niñas.

De hecho, en estos supuestos, los hijos/as hacen departamentos estancos de cada casa, lo que pasa en casa de papá se queda ahí y lo que pasa en casa de mamá no sale de ahí... viven en dos mundos separados que en muchas ocasiones tienen normas diferentes (uso móvil, hábitos alimenticios, amigos/as diferentes...).

Per se, no queremos decir que el hecho de tener diferentes normas vaya a ser malo, lo que queremos reflejar es que el mundo de los niños/

as se encuentra dividido en dos sin conexión. Podríamos ejemplarizar la situación con lo que ocurre con la ropa en el caso de guardas compartidas, la propiedad de la ropa es de papá o de mamá no es del hijo/a, no es su ropa.

Situaciones que nos encontramos: comunicación por mail o por whatsapp extremadamente excesiva con extensos escritos de manera desordenada, no son capaces de hablar por teléfono para resolver cuestiones relativas a sus hijos/as, uso del cinismo, manipulación, nula comunicación se hablan a través de sus respectivos abogados/as o de sus propios hijos/as, comunicación juzgadora del otro/a, no compartir nada de lo que cada uno de ellos/as hace con sus hijos/as, no hablar de aspectos importantes en la vida de sus hijos/as (notas, situaciones en el colegio/instituto, aspectos emocionales, salud...).

Hacerse amigo/a de sus hijos/as

Una situación especialmente peligrosa para los niños, niñas y, sobre todo para los y las adolescentes es cuando uno/a de sus progenitores se hace su amigo o amiga, mientras el otro/a establece el papel de educador/a, es decir, el clásico poli bueno-poli malo, pero sin que exista consenso entre ellos.

No nos referimos a aquellas situaciones en que el padre y/o madres, dentro de la función educadora, desarrollan los distintos roles de manera consensuada para equilibrar.

En ocasiones, lo que subyace en estas situaciones es que los/las adultos no saben establecer una buena relación con sus hijos/as desde el rol de adulto (padre/madre), y recurren al papel de amigo/a ya que no implica confrontación con la función educadora.

Este punto suele ser el germen de que el hijo/a no quiera relacionarse con el otro/a progenitor/a porque es «autoritario/a», derivando en desvinculación paterno/materno filial.

Situaciones tales como: compartir secretos de nuevas parejas, irse de fiesta con ellos/as, fumar juntos/as, introducirlos/las en la bebida alcohólica, dejarle hacer lo que quiera (si quiere estudiar que estudie, que no quiere pues que no estudie, quedar con amigos/as sin límite de horario...).

No poner límites

Relacionado con el anterior punto está el no poner límites, es decir, el hijo o la hija hacen lo que se les ocurre en cada momento y la persona adulta responsable de su educación no es capaz de establecer un marco sano para el desarrollo de su hijo/a.

Situaciones tales como: puede ver la tele todo lo que quiera y el contenido que quiera, come solo lo que le apetece, se van a dormir cuando desean, hablan sin respeto, no tienen modales en la mesa, usan las tecnologías sin límite, no respetan la autoridad, las normas sociales...

Sobreproteger

En este punto la psicología es clara, la sobreprotección es un tipo de maltrato para los hijos e hijas, se les da el mensaje de que no son capaces de hacer cosas por sí mismos//as, les corta las alas al desarrollo de la autonomía personal.

Situaciones tales como: no permitir que vayan solos/as al instituto cuando tienen una cierta edad, resolverles situaciones con sus amigos/as, hacerles los deberes/trabajos...

Creer a pies juntillas lo que NNA cuenta

Algo muy común en las situaciones de alta conflictividad es que cada progenitor/a se cree lo que les dice su hijo o su hija, incluso aunque tenga una edad temprana (3 años).

Lo que dice el niño/a se acepta como verdad, sobre todo si deja en mal lugar al padre o la madre (o sus respectivas familias).

Nos cuesta hacer entender a los padres/madres que eso lleva a malos entendidos si no pueden contrastarlo.

El tercer grado

Someter a los hijos/as a tercer grado cuando vuelve de la casa del otro progenitor/a o han hecho alguna actividad con él o ella.

Cuando los hijos/as vuelven de estar con uno de los progenitores/as empiezan a hacer multitud de preguntas bajo la excusa de interesarse por sus hijos/as, estos se protegen mediante el silencio, es decir, contestan con monosílabos: sí, no, no me acuerdo, no lo sé, etc.

Saben que cada palabra será escudriñada para poder extraer conclusiones negativas.

Es decir, no se les permite compartir alegría o aburrimiento, no se lo han podido pasar bien o mal, su vivencia no la pueda conocer la otra «parte».

Todas las situaciones descritas conllevan a que los niños, niñas y adolescentes desarrollen habilidades de autoprotección que no siempre son beneficiosas para ellos/ellas: manipulan, deciden quedarse con uno de ellos/as, cortan la relación con uno/a de sus progenitores, guardan secretos, se sienten abandonados y pueden ponerse en situación de peligro...

13. El rol de la abogacía de familia en la coordinación de parentalidad

Importancia del apoyo legal en la resolución de conflictos

Como ya hemos indicado la coordinación de parentalidad implica una coordinación, valga la redundancia, de aquellas instituciones, profesionales que intervienen en la familia, por ello, nos gustaría destacar la importancia que en la intervención de coordinación de parentalidad tienen los/las letradas de familia.

Es una realidad que, sin su colaboración, antes y/o durante la intervención, es muy difícil que los y las coordinadoras de parentalidad podamos ayudar a las familias con alta conflictividad.

Hemos podido constatar que cuando los letrados/as de familia apoyan la coordinación de parentalidad esta tiene más posibilidades de tener éxito pues todos remamos en la misma dirección, esto es, proteger a los niños, niñas y a los adolescentes de la ruptura de sus padres/madres.

En muchos casos sabemos que no es una posición fácil, pues los/las clientes siguen con una filosofía bélica (es decir, judicial), y son precisamente los abogados/as de familia los que desarrollan una función pedagógica con sus clientes, haciéndoles entender que lo mejor para sus intereses y para los de sus hijos/as es solicitar una coordinación de parentalidad al órgano judicial, a efectos de construir mediante la transformación un tipo de relación sana en el propio sistema familiar.

En muchas ocasiones hemos visto que han sido los propios abogados/as los que han coincidido en solicitar la intervención de un/a coordinador/a de parentalidad para una familia concreta, al comprobar que la misma tiene problemas que no se pueden solucionar en sede judicial.

Cada vez son más los abogados/as de familia que, conocedores de esta figura, solicitan la intervención en supuestos de alta conflictividad, cosa distinta es que el órgano judicial lo acuerde, especialmente si no está especializado en familia.

Esta es la situación en que se encontró la familia que describimos en el siguiente caso:

- Padre y madre divorciados desde hace años con dos hijos.

- Guarda: la sentencia firme la establece compartida.

- Procedimientos: ámbito civil (divorcio contencioso).

- Situación: uno de los hijos (adolescente) manifiesta que no quiere ir con su madre y el padre alega que él no puede hacer nada. Si bien la relación no está del todo rota pues hay algún tipo de comunicación, aunque sea muy somera, el hijo no pasa ningún periodo de tiempo con su madre.

Las letradas de ambas partes coinciden en que esta familia necesita que intervenga un coordinador de parentalidad, hablan con sus clientes y acuerdan designar a una coordinadora que conocen ambas letradas.

Se inicia la coordinación de parentalidad y en pocas sesiones el padre indica que no seguirá con la CP y abandona la misma.

Situación actual: el hijo no ve a su madre, el padre alega que él lo ha intentado, la coordinadora de parentalidad no tiene ninguna autoridad para intervenir en la familia.

Reflexiones: ¿hubiera sido diferente el resultado si existiera mandato judicial?

14. Bibliografía

Referencias y recursos adicionales

Referencias

ARIAS, Félix, **BERMEJO GIMENO**, Nadia (2019) «La coordinación de parentalidad y la toma de decisiones». *Revista de mediación*, ISSN-e 2340-9754, ISSN 1888-6485, Vol. 12, N.º 1, 2019.

AVEDILLO, M.; CARRASCO, L; GUITART, E., SACASAS, M. (2015) *La coordinación de parentalidad: Cuando las familias ya no saben qué hacer*. Ed. Huygens.

BARUDY, Jorge; **DANTAGNAN**, Maryorie, *Los buenos tratos a la infancia: Parentalidad, apego y resiliencia* (2005) Ed. Gedisa.

BECK, Aaron (1999) *Prisioneros del odio. Las bases de la ira, la hostilidad y la violencia*. Ed. Paidos.

BLANCO CARRASCO, Marta (2020). *Las responsabilidades parentales en situaciones de crisis familiar: Mediación, Puntos de Encuentro y Coordinación de Parentalidad*. Ed. Reus.

BOLAÑOS, Ignacio (2008) *Hijos alienados y padres alienados. Mediación familiar en rupturas conflictivas*. Ed. Reus.

CHECA CARUANA, Mariela (Coord.) 2021 *De las interferencias parentales a la violencia filioparental*. Ed. Morata.

CORNELIUS, Helena Y **FRAIRE,** Shoshana (2017) *Tu ganas, yo gano. Cómo resolver los conflictos creativamente y disfrutar con las soluciones.* Ed Gaia.

COSTA LAMENCA, María José (2019) «Aspectos procesales y prácticos de la derivación a coordinación de parentalidad». *Familia y sucesiones: cuaderno jurídico,* ISSN 1889-2299, N.º 123

FARIÑA, Francisca; **PARADA,** Vanesa; **NOVO,** Mercedes; **SEIJO,** Dolores (2017), «El Coordinador De Parentalidad: Un Análisis De Las Resoluciones Judiciales En España», *Acción Psicológica,* vol. 14, núm. 2, Universidad Nacional de Educación a Distancia Madrid, España.

GALTUNG, Johan (1998). *Tras la violencia, 3r: reconstrucción, reconciliación, resolución,* Bilbao: Bakeaz y Gernika Gogoratuz.

GONZÁLEZ DEL POZO, Juan Pablo (2019) «El coordinador de parentalidad: una figura esperanzadora para la Pacificación de conflictos parentales de alta intensidad». *Revista Derecho de Familia,* el 1 de febrero de 2019.

MAYER, Bernard (2009) *Más allá de la neutralidad. Como superar la crisis de la resolución de conflictos.* Eda. Gedisa.

REDORTA, Josep (2007) *Aprender a resolver conflictos.* Ed. Paidós.

RIQUELME SOTO, Verónica; **SAHUQUILLO MATEO,** Piedad; **CÁNOVAS LEONHARDT,** Paz (2020) «Transitando la ruptura familiar: Una aproximación hacia la coordinación de parentalidad». *Cuestiones Pedagógicas,* n.º 29, ISSN 0213-7771 - e-ISSN 2443-9991.

ROMERO NAVARRO, Fermín, «Dinámica y cambios en familias de conflictividad media y alta judicializadas. Satisfacción y mejoras. Coordinación de parentalidad» (2020). *Intervención psicoeducativa en la desadaptación social*: IPSE-ds, ISSN-e 2013-2352, N.º 13.

SUAREZ, Marinés (2002) *Mediando en sistemas familiares.* Ed. Paidós.

VINYAMATA, Eduard (1999) *Manual de prevención y resolución de conflictos.* Ed. Ariel.

(2001) *Coflictología. Curso de resolución de conflictos.* Ed. Ariel.

WARZLAWICK, Paul (1967) *Teoría de la comunicación humana.* Ed Herder.

Recursos adicionales

– Proyecto internacional de investigación sobre intervenciones en crisis de la coparentalidad: «Nuevas orientaciones en justicia para familias del siglo XXI».

– Conclusiones generales para una correcta inserción de las intervenciones en coordinación de parentalidad en los procedimientos de familia, aprobadas por los profesionales que han colaborado en las diferentes áreas temáticas de este proyecto 1, (Santiago de Chile, 14 de mayo 2023).

– Plataforma Familia y Derecho (2022) Propuesta del grupo de trabajo de la Plataforma «Familia y Derecho» para la especialización, en el orden jurisdiccional civil, en Infancia, Familia y Capacidad Grupo de Trabajo de la «Familia y Derecho». Informes y Conclusiones. Octubre 2022.SP/DOCT/120468. Ed. Jurídica Sepín.

– Consejo General del Poder Judicial (2020) Guía de criterios de actuación judicial en materia de guarda compartida.

4

NEGOCIACIÓN

Amparo Quintana

Abogada y Mediadora

Secretaria general del Grupo Europeo de Magistrados por la Mediación (GEMME)

Copresidenta de la sección de MASC del Ilustre Colegio de la Abogacía de Madrid

1. Planteamiento previo sobre el concepto de negociación

En el imaginario común de la gente, a veces se interpreta la palabra negociar como un rito por el cual dos o más personas se entregan a una especie de duelo en el que alguien acaba cediendo en favor de la otra u otras partes. Es más, en determinados ámbitos se aprecia cierta renuncia a la negociación, como si este fuera un recurso residual al que se debe acudir solo cuando otras vías de satisfacción estén cerradas, cuando se percibe que un asunto está perdido o cuando se imagina que puede usarse para recabar información del contrario.

Unido a esto, muchas veces se identifica un buen negociador con quien se mantiene férreamente atado a su planteamiento inicial sin desviarse un ápice del mismo, llegando a valorarse la astucia y la dureza como cualidades, cuando en realidad y en base a todo lo que se expondrá seguidamente, son obstáculos que la mayoría de las veces hacen fracasar la posibilidad de entendimiento y acuerdo.

Por poner un ejemplo, en el episodio tercero de la segunda temporada de la serie norteamericana «Suits»[1] (James Whitmore Jr., 2011-2019), en un despacho de abogados se negocia con un sindicato de enfermeras. Durante

---

1   Puede verse en este enlace https://www.youtube.com/watch?v=KFcgytNkIxk&t=9s)

una de sus escenas, observamos una serie de puntos que podemos calificar como comunes a lo que sucede en no pocas mesas de negociación:

- Prejuicios y mitos previos a sentarse a negociar. Muchas veces se atribuyen características, actitudes o comportamientos a las otras partes basados en estereotipos y meras especulaciones.

- La idea de que siempre va a haber un ganador y, obviamente, nadie quiere perder.

- Forzar el acuerdo lanzando un ultimátum ('o esto o nada') para que la otra persona acepte las condiciones que se le tratan de imponer.

- Tratar de ocultar información que puede incidir en el resultado del acuerdo, con total desprecio hacia la otra parte.

Así las cosas, debemos entender por negociación aquel proceso de **comunicación** por el que dos o más personas (físicas o jurídicas) **interdependientes y con intereses diferentes** sobre uno o varios temas, tratan de alcanzar un **acuerdo**, aproximándose por medio de concesiones mutuas. De tan sencillo concepto podemos extraer estas premisas:

1. Tratándose de un proceso de comunicación, resultan incompatibles las posturas unilaterales, sordas y ciegas a cuanto puedan decir las otras partes. Es decir, ha de establecerse un diálogo en el que los interlocutores emitan y reciban sus respectivos mensajes de manera circular y atentos tanto al lenguaje verbal (oral o escrito), como no verbal.

2. La negociación nace en un contexto de interdependencia, según el cual las personas presentes en la misma están unidas por uno o varios objetivos comunes, aunque no sea patente o explícito por la diferencia en sus intereses. No surge la necesidad de negociar cuando las partes poseen objetivos independientes y paralelos, dado que en tal contexto cada una se las partes puede alcanzar sus objetivos de manera autónoma.

3. La finalidad de la negociación es llegar a un acuerdo y esta es una nota característica que la diferencia de otros métodos extrajudiciales de gestión de conflictos, donde el convenio o pacto puede ser una consecuencia, pero no el principal objetivo. Pensemos en la mediación o las prácticas restaurativas, entre otros.

Igualmente, la negociación se integra dentro de los llamados métodos adecuados de solución de controversias (MASC), formando parte de la cultura del consenso y de la paz. Puede aparecer de manera independiente o en el transcurso de otras fórmulas de gestión de conflictos, tanto autocompositivas cono heterocompositivas (respecto a estas últimas y a modo de ejemplo, pensemos cuando en un proceso judicial las partes llegan a un acuerdo negociado, transformando la contienda en convenio).

Por tanto, su finalidad es resolver conflictos y, bajo esta óptica, a lo largo del proceso negociador se acuerdan líneas de conducta, se buscan ventajas individuales o colectivas, se procura obtener resultados que sirvan a los intereses mutuos de las partes y esto es importante tenerlo en cuenta, porque no será negociación cualquier otra conducta o actividad que no implique una acción multilateral.

Así las cosas, la negociación surge en casi todas las áreas de la vida, desde el plano más personal hasta el laboral, vecinal, etc.

2. Contextos en que puede darse la negociación

La negociación puede llevarse a cabo en varios contextos:

1. **Directamente por las partes implicadas**, modalidad esta bastante habitual en ámbitos tan variados como el familiar, laboral o comercial. En estos supuestos, o bien las personas se conocen y guardan una relación destacable (sería el caso de unos hermanos en el reparto de una herencia o de una empleada con el departamento de RR. HH. de su empresa por un ajuste de horario, por ejemplo), o bien todo lo contrario, como sucede cuando tratamos de ajustar el precio de un local con la empresa inmobiliaria que gestiona la venta.

2. **Indirectamente a través de una tercera persona**, como sucede en la negociación de los convenios colectivos laborales o cuando los abogados de parte negocian en nombre de sus clientes las cláusulas de un contrato, por ejemplo. En supuestos a sí, quien acude a negociar debe estar legitimado para ello, bien por una norma que lo ampara (los representantes sindicales) o bien porque la partes o partes lo haya decidido así. Normalmente, además, la última decisión la toman las personas directamente implicadas, aprobando o rechazando lo que se va negociando, por lo que es fundamental que quienes las representen les transmitan de manera transparente y veraz los pormenores del proceso negociador. También hay que tener en cuenta que esa tercera persona negociará defendiendo los intereses de la parte que representa, por lo que acudirá a la negociación habiendo establecido previamente el resultado mínimo que su representada/o quiere aceptar, ajustando a ello su actuación.

3. **Las partes implicadas juntas con la ayuda de un negociador o facilitador profesional**. Así se hace en la negociación asistida, por ejemplo. En ella, ese profesional es un tercero neutral, independiente e imparcial que actúa bajo confidencialidad, creando un espacio seguro en el que ayuda a las partes a exponer sus intereses en plano de igualdad. Estos profesionales, además, utilizan técnicas de comunicación y de escucha activa, herramientas de reconocimiento (legitimación)

y refuerzo (empoderamiento), ayuda a los protagonistas a generar opciones y les ayuda a tomar decisiones. Ese tercero neutral puede realizar sugerencias u orientar para que las partes las valoren de cara a llegar al acuerdo.

4. **Dentro de un proceso de mediación**, con la ayuda de los mediadores. En este sentido, una de las fases de la mediación se encamina claramente a generar opciones y es en ella donde los mediadores usan técnicas de negociación para ayudar a las partes a tomar las decisiones que les sirvan para resolver el conflicto.

Asimismo, cabe decir que el Proyecto de Ley de medidas de eficiencia procesal del servicio público de Justicia, al definir los MASC (métodos adecuados de solución de controversias), se refiere a ellos como cualquier tipo de actividad negociadora a la que las partes de un conflicto acuden de buena fe con el objeto de encontrar una solución extrajudicial al mismo, ya sea por sí mismas o con la intervención de un tercero neutral[2]. Es decir, se consagra la idea de que tales métodos se asientan en una negociación, en la voluntad de resolver los conflictos de manera consensuada y esta premisa, aun no exenta de matizaciones y críticas, nos lleva a formular dos premisas esenciales:

– La negociación es un MASC autocompositivo, donde las partes deciden cómo zanjar su disputa, bien actúen directamente ellas, a través de terceros o con la ayuda de un neutral.

– Todo MASC lleva el germen de la negociación y, por ende, pertenece a ese templo de la concordia que debería visitarse antes de interponer una demanda[3].

3. Algunos tipos de negociación

Tal como se ha referido anteriormente, la sociedad está plagada de ideas más o menos acertadas acerca de qué es negociar y cómo debe hacerse. Podríamos afirmar que cada persona tiene una opinión al respecto y mantiene sus propios postulados basándose, la mayoría de las veces, en lo que ha escuchado de otros o ha podido experimentar personalmente.

En la película «El Padrino» (Francis Ford Coppola, 1972), aparece una escena de atisbo negociador entre Corleone y un representante de otro clan[4]. Se presenta al primero como un astuto sabueso más interesado en obtener información que en ofrecerla, hasta el punto de decirle a su hijo que no per-

---

2   Artículo 1 del citado proyecto de ley.

3   Exposición de Motivos del mismo proyecto de ley: «Antes de entrar en el templo de la Justicia, se ha de pasar por el templo de la concordia».

4   Puede verse aquí: https://www.youtube.com/watch?v=Z1dRPt_4rZs

mita jamás que nadie averigüe sus pensamientos. Esa negociación fallida termina en una guerra entre familias mafiosas, por el control del mercado negro de sustancias ilegales.

Por contra, en el film «Steve Jobs» (Danny Boyle, 2015), observamos a su protagonista utilizar herramientas encaminadas a ilusionar a «la otra parte» en su proyecto[5]. No se trata simplemente de convencer con buenas palabras o exagerar el discurso, sino de mostrarse con naturalidad, sin aparentar lo que no se es o no se tiene, facilitando a la otra parte que pueda decidir con libertad.

Tampoco faltan ejemplos de comunicación persuasiva para conseguir que alguien acepte aquello que nos interesa. En una escena de «La vida es bella» (Roberto Benigni, 1997)[6] se observa claramente que, ante la adversidad que impone la hora de cierre de la cocina de un restaurante y la necesidad de obedecer al maître que pide atender a un cliente importante que llega tarde, el camarero recurre a su habilidad sugestiva y convincente, llevando al comensal a desear los alimentos que aquel le ofrece, ni uno más.

De estos ejemplos podemos extraer la conclusión de que existen distintos estilos negociadores, generalmente adaptados a las circunstancias de cada caso y también ligados a las características personales de quienes negocian. En términos generales, destacan los siguientes modelos de negociación:

Negociación inmediata

Es aquella en la que se intenta lograr un acuerdo dejando de lado las relaciones personales. Lo más importante es el objeto de la negociación, por lo que se está negociando, y en ella el factor temporal cobra bastante protagonismo. Acudimos a este estilo cuando, por ejemplo, pedimos una rebaja al vendedor callejero en el precio de una mercancía.

Negociación progresiva

Es un estilo en el que se va generando una aproximación en la relación personal, creándose un ambiente de confianza previo antes de pasar al fondo del asunto. ¿Quién no se ha encontrado aceptando un confortable asiento y un té en una tienda de cualquier oasis exótico? Más cerca de nuestra latitud, algunas técnicas de venta recurren a este estilo y hoy es bastante común en el sector asegurador y bancario, entre otros.

---

5   https://www.youtube.com/watch?v=Xgw1WGad7bs&t=30s

6   https://www.youtube.com/watch?v=0bH4-zQINb4

Negociación situacional

Se trata de aquel estilo que se adapta a las circunstancias objetivas y subjetivas, por lo que se conocen los detalles de la situación, las habilidades y las debilidades de las partes, etc.

Negociación acomodativa

Cuando una parte adopta una conducta más sumisa y aparentemente conciliadora respecto a la otra. Puede aparecer en alguno de estos supuestos:

- Cuando quien transige da mucha importancia a la relación, anteponiéndola a la consecución de sus objetivos.

- Cuando es necesario ganarse la confianza de la otra parte con vistas al futuro, quizá preparando el terreno para el caso de una nueva situación conflictiva.

- Cuando importa una reputación favorable que pudiera conseguirse aceptando las condiciones de la otra parte.

- Por rasgos de carácter (timidez, apocamiento, falta de asertividad, limitadas habilidades de comunicación, etc.).

Negociación por compromiso

Las partes son conscientes de que puede haber alguna pérdida, pero que es mejor llegar al acuerdo antes que perderlo todo por completo. Con ello se busca llegar a un pacto superficial, pero suficiente para que se logren algunos de los objetivos, es decir, ambas partes obtienen más o menos lo que iban buscando al empezar a negociar, aunque no quedan totalmente satisfechas, existiendo el riesgo de reabrir la misma disputa u otra distinta por traslación de la primera (M. Deutsch, 1973)[7].

Negociación distributiva

En ella las partes defienden lo que quieren, sin entrar a valorar otros elementos. Es lo más parecido al regateo y será siempre más favorable a quien tenga más poder dentro de la negociación. La discusión se centra en cómo se reparte aquello por lo que se negocia. Este tipo de negociación es muy usual, estando presente en la vida cotidiana, pero esto no quiere decir que

---

7   *The Resolution of Conflict, Constructive and Destructive Processes.*

sea un modelo óptimo de negociación, ya que, aunque de hecho está presente en nuestra vida cotidiana, tiene la desventaja de que puede afectar la relación entre las partes, por varias razones:

- Los negociadores entran en competencia mutua, producto de su visión limitada del conflicto, anclada en sus propios y respectivos intereses.

- Las partes se perciben como adversarias, lo que choca de fondo con la naturaleza propia de la negociación como MASC no adversarial y autocompositivo.

- Muchas veces se manipula la información que se comparte.

- Se desconfía entre sí.

- Las necesidades de la otra parte suelen aprovecharse para intentar salir vencedor/a.

- Se contrarrestan los argumentos. Las partes no se escuchan.

- Se amenaza a base de ultimátums si no se accede a lo que se pide (decir que se levanta de la negociación, que acudirá a los tribunales, a la prensa, etc.).

- Cada parte intenta sacar para sí los mayores beneficios.

Esto hace que se asocie el acto de negociar como ese juego astuto al que nos referíamos al comienzo del capítulo, no faltando quienes aconsejan aprovechar las debilidades del «contrario», trasmitir escepticismo, pedir casi lo imposible, reaccionar negativamente ante la primera oferta, adoptar una actitud de superioridad, ir haciendo concesiones mínimas que desgasten a la otra parte, servirse de una puesta en escena grandilocuente, etc.

Negociación colaborativa o integradora

Abordándose aquí la negociación como un medio de solución de conflictos encaminado a que las partes lleguen a un acuerdo que ponga fin a la disputa y no genere otras, es necesario desprenderse de esas vetustas concepciones y ser conscientes de que, si queremos recoger miel, no pateemos la colmena (Carnegie, 2005)[8].

Llegados a este punto, resulta muy útil traer a colación. la teoría de juegos formulada y estudiada por John Forbes Nash, John Von Newman y Antoine Agustín Cournot, entre otros, según la cual todo cuanto ejecutemos o deci-

---

8   *Cómo ganar amigos.*

damos entrañará unas consecuencias, hasta tal punto de que incluso abstenerse de hacer algo tiene alguna repercusión. Básicamente, ante la encrucijada de negociar se presentan estas posibilidades:

GANAR-GANAR Soluciones satisfactorias para todas las partes	**GANAR-PERDER** Soluciones satisfactorias solo para una parte
PERDER-GANAR Soluciones satisfactorias solo para una parte	**PERDER-PERDER** Soluciones insatisfactorias para todas las partes

De estas cuatro, tres de ellas entrarían dentro de lo que se conoce como juego de suma cero, es decir, esa situación en la que la ganancia o pérdida de un participante equivale a lo que gana o pierde el otro, pudiendo incluso perder todos. Si tenemos un pastel para seis comensales con la misma apetencia y gusto por él y cada uno de ellos coge una porción de manera irregular, habrá alguien que tome más cantidad a costa de otro al que le tocará menos. Por contra, si lo cortan en partes iguales, todos habrán disfrutado en la misma medida y nadie se sentirá discriminado, insatisfecho o frustrado.

La negociación colaborativa asume la idea de que, para obtener lo que queremos con los recursos que tenemos, debemos ayudar a la otra parte a obtener lo que desea. Este modelo negociador se asienta en la COOPERACIÓN y tiene siempre en cuenta los intereses de todas las partes, lo que conlleva ganancia mutua y no solo para la parte más avispada. Para ello, la confianza es básica, como lo demuestra el conocido dilema del prisionero, que no es más que la situación de dos o más personas físicas o jurídicas intentando elegir de manera independiente la mejor alternativa a seguir. Existen múltiples ejemplos de esta formulación, aunque quizá el más conocido sea este, que da nombre al famoso dilema.

La policía arresta a dos sospechosos. No hay pruebas suficientes para imputarlos y, tras haberlos separado, los visita a cada uno y les ofrece el mismo trato:

- Si uno confiesa y su cómplice no, el cómplice será condenado a la pena total, diez años, y el primero será liberado.

- Si uno calla y el cómplice confiesa, el primero recibirá esa pena y será el cómplice quien salga libre.

- Si ambos confiesan, los dos serán condenados a seis años.

- Si ambos lo niegan, todo lo que podrán hacer será encerrarlos durante seis meses por un cargo menor.

Supongamos que ambos prisioneros son completamente egoístas y su única meta es reducir su propia estancia en la cárcel. Como prisioneros tienen dos opciones: cooperar con su cómplice y permanecer callado, o traicionar a su cómplice y confesar. El resultado de cada elección depende de la elección del cómplice. Por desgracia, uno no conoce qué ha elegido hacer el otro. Incluso si pudiesen hablar entre sí, no podrían estar seguros de confiar mutuamente.

Si uno espera que el cómplice escoja cooperar con él y permanecer en silencio, la opción óptima para el primero sería confesar, lo que significaría que sería liberado inmediatamente, mientras el cómplice tendrá que cumplir una condena de 10 años. Si espera que su cómplice decida confesar, la mejor opción es confesar también, ya que al menos no recibirá la condena completa de 10 años, y solo tendrá que esperar 6, al igual que el cómplice. Y, sin embargo, **si ambos decidiesen cooperar y permanecer en silencio, ambos serían liberados en solo 6 meses.**

Si se razona desde la perspectiva del interés óptimo de los dos, el resultado correcto sería que ambos cooperasen, ya que esto reduciría el tiempo total de condena para el grupo. Cualquier otra decisión sería peor para ambos si se consideran conjuntamente.

Algunas de las características de la negociación colaborativa son:

- Los participantes actúan de forma amistosa.

- Su objetivo es el acuerdo.

- Hay confianza mutua.

- Se intenta cubrir las necesidades de todas las partes en conjunto.

4. Distintos estilos de afrontamiento del conflicto

Llegados a este punto, cabe preguntarse por qué adoptamos cualquiera de los estilos y tipos de negociación recogidos en el apartado anterior. En ello juega un papel importante el estilo de afrontamiento del conflicto que cada cual tiene, debiendo ensamblar dos coordenadas fundamentales que siempre estarán en tensión:

- El interés por conseguir los propios objetivos, es decir, aquello por lo que se negocia. Cuanto más alto sea, la persona tenderá a ser más competitiva, a veces sin importar los medios.

- El interés por la relación que vincula a las partes. Cuando más grande sea, en los términos arriba analizados, más tenderá a acomodarse a los planteamientos de su interlocutor.

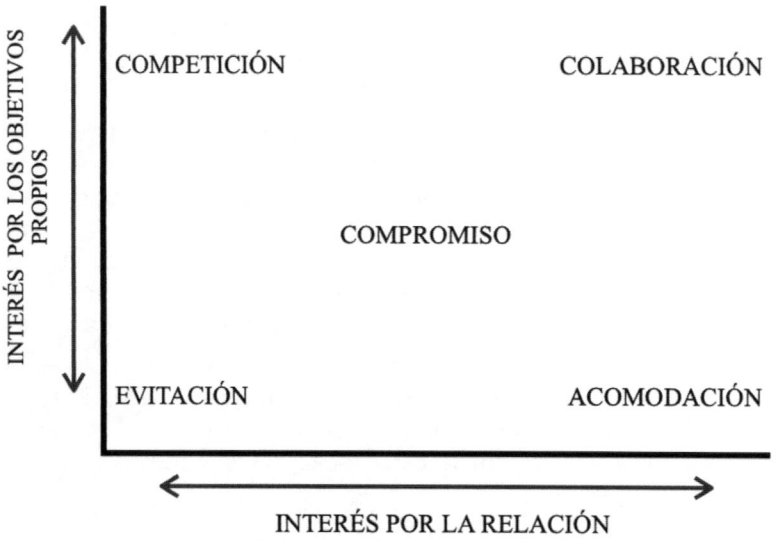

Tales estilos en el afrontamiento o el manejo del conflicto pueden resumirse de la siguiente forma:

1. **COMPETITIVO**: La conducta competitiva busca satisfacer los propios intereses a expensas de los de los demás. Refleja el enfoque extendido y clásico de que, para ganar, la otra parte debe perder. El resultado de la negociación es más importante que la relación y, como quien actúa así lo ve todo encuadrado en la dicotomía de «pérdidas y ganancias», suele mantener sus postulados de manera rotunda, absoluta y adversarial, donde los argumentos también se mueven en un discurso binario de «tengo razón y la otra parte no», dado el conflicto por solucionado cuando haya alcanzado sus objetivos. En este estilo se incardinan las personas que solemos llamar tiburones.

2. **EVITATIVO**: La conducta evitativa se manifiesta normalmente a través del desinterés, la indiferencia o la huida. A veces va aparejada a una negación del conflicto, lo que no supone que no lo haya, sino que la persona que así actúa ha asumido que no merece la pena gestionar. En otras ocasiones, la evitación procede del hecho de que los costes derivados de su resolución son demasiado elevados. En cualquier caso, los conflictos, en lugar de desaparecer, pueden convertirse en latentes y estallar más adelante. Quien evita no negocia.

3. **ACOMODATIVO**: En esta orientación, la importancia de la relación es muy alta, muy por encima del resultado. Se prefiere que sea la otra persona quien satisfaga sus intereses y es otra manera muy habitual de pasar de puntillas al lado del conflicto, pues estar de acuerdo es más fácil que no estarlo.

4. **COLABORATIVO**: Son importantes tanto el resultado como la relación. Las partes comprenden que, para satisfacer sus respectivos intereses, deben cooperar. Es una manera inteligente de afrontar el conflicto y solucionarlo de raíz. Este estilo es la base de la negociación integradora que se abordará en el apartado siguiente.

5. **COMPROMISO**: El problema se concibe como el esfuerzo de llegar al punto medio entre las posturas de las partes, es decir, la equidistancia o reparto tanto de pérdidas como de ganancias. Sería el «ni para ti ni para mí» con que se zanjan muchas disputas.

Las personas tendemos a responder a las situaciones de conflicto con un estilo predominante, derivado de nuestro temperamento, carácter, experiencias y todo aquello que se va manifestando en un conjunto de comportamientos que nos define. No obstante, si bien un estilo suele ser el dominante a lo largo del tiempo, la gente puede de variar el estilo a medida que un conflicto se desarrolla, empleando comportamientos situacionales o circunstanciales. Por ejemplo, alguien que suele comportarse de forma acomodativa comúnmente, quizá pueda transformarse en competitiva ante el caso de reclamar la nota de un concurso oposición del que dependa su promoción laboral y la mejora de sus condiciones económicas.

Igualmente, a la hora de tomar decisiones debemos tener en cuenta las emociones que están detrás y cómo van a influir tanto en la percepción cognitiva de un acontecimiento cualquiera como en la reacción ante el mismo. En buena medida nuestros tres cerebros estarán presentes a la hora de afrontar los conflictos, por lo que resulta necesario, a la hora de sentarse a negociar o de ayudar a otras personas a tomar acuerdos, sabernos relacionar con aquellos:

1. **Cerebro reptiliano**: también llamado cerebro instintivo, es la parte más primitiva de nuestro cerebro, nos retrotrae a etapas antiguas de la evolución. Se encuentra situado en la base del cráneo. Controla las funciones básicas de supervivencia y conservación del cuerpo y, por ende, nuestras respuestas automáticas e instintivas. Es una especie de guardián o cancerbero al acecho, rápido y eficiente en el uso de la energía cerebral. Aparte de regular funciones vitales, también se asocia con los comportamientos irreflexivos, como pueda ser una agresión, así como aquellas cuestiones que contribuyen a esa supervivencia cuales son la territorialidad y el establecimiento de jerarquías.

2. **Cerebro límbico**: también denominado emocional, corresponde a una etapa posterior en la evolución. Se sitúa encima del cerebro reptiliano. Es el responsable de nuestras emociones, sentimientos y motivaciones. Alberga estructuras como el hipotálamo, la amígdala y el hipocampo, que desempeñan un papel fundamental en la regulación de nuestras respuestas emocionales y la formación de la memoria. Nos permite experimentar y expresar todas las emociones, en su más amplio abanico de posibilidades, desde la ira o el miedo hasta el amor o la alegría, por lo que se lo relaciona con las motivaciones, los deseos, la satisfacción de las necesidades básicas y también la conexión social. Este cerebro es el responsable de la memoria a largo plazo y de la consolidación de la información emocional, ayudando a recordar experiencias significativas y a aprender de ellas, por lo que tiene un papel importante en la regulación de las relaciones interpersonales y la empatía, así como en el reconocimiento de las expresiones faciales y al procesamiento de las señales sociales.

3. **Neocórtex**: también conocido como cerebro racional, es la parte más reciente y, por hoy, sofisticada del cerebro. Se emplaza en la corteza cerebral y es el responsable de nuestras funciones cognitivas superiores, como el pensamiento racional, el lenguaje, la toma de decisiones y la planificación. El neocórtex nos permite analizar, interpretar y procesar información de forma compleja. Es la sede central de la conciencia y la autoconciencia, lo cual nos permite reflexionar sobre nuestros propios pensamientos y acciones. Además, nos propicia la capacidad de aprender, de adaptarnos al entorno y también de resolver problemas de manera creativa. Está asociado con la percepción de la propia identidad individual, facilitando la comprensión de quiénes somos, el análisis las experiencias pasadas y la relación con el entorno. Es un cerebro mucho más lento que el reptiliano, consume más energía, utiliza palabras y conceptos, controla las respuestas automáticas y las emociones.

Los tres cerebros se encuentran interconectados, de tal forma que las experiencias y emociones susceptibles de desencadenar reacciones en el reptiliano y el límbico, pueden atemperarse gracias al autocontrol y la capacidad de análisis que proporciona el neocórtex.

Dicho lo cual, cuando alguien tiene un conflicto, lo primero que pasa es experimentarlo a nivel interno, en el sentido de experimentarlo y sentirlo, saliendo al exterior y centrarse en una o varias personas a nivel individual (conflicto interpersonal) o extenderse a un grupo (conflicto intergrupal o intragrupal). Es más, dependiendo de la respuesta en las otras partes, habrá una especie de vía de regreso que generará nuevas emociones o consolidará sentimientos, así como surgirá la posibilidad de que disputas interpersonales alcancen a un grupo y viceversa, tal como puede apreciarse en el siguiente gráfico:

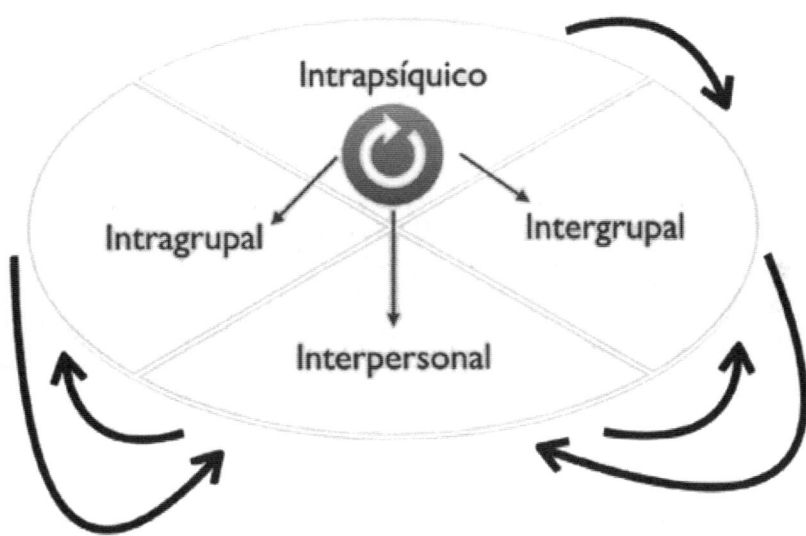

Una herramienta fácil para conocer el estilo de afrontamiento de conflictos que cada cual tiene es responder a un test. Diversos psicólogos sociales y conflictólogos han elaborado algunos de ellos. A continuación, se recoge el de Kenneth Thomas y Ralph Kilmann, conocido oficialmente como **Thomas Kilmann Instrument (TKI)**. A ellos debemos, además, la clasificación recogida en el presente apartado. Para cumplimentarlo, es necesario leer previamente estas instrucciones:

1. Piense en algunas situaciones en las que sus deseos son diferentes a los de otra persona. ¿Cómo reacciona habitualmente en esos casos?

2. En el test encontrará varios pares de frases que describen posibles respuestas conductuales. En cada par marque la alternativa (A o B) que sea más característica de su propio comportamiento.

3. En algunos casos ni la alternativa A ni la B pueden ser muy típicas de su forma de reaccionar, por lo que habrá de indicar cuál sería la conducta más probable que usted elegiría.

TEST

1	A	Hay oportunidades en que dejo que otros asuman la responsabilidad para resolver el problema.
	B	En vez de negociar los puntos en desacuerdo, trato de enfatizar los aspectos en que concordamos.
2	A	Trato de buscar una solución de compromiso.
	B	Trato de tomar en cuenta todos los puntos que me preocupan a mí y al otro.
3	A	Habitualmente, soy decidido para lograr mis objetivos.
	B	Puedo tratar de limar las asperezas y mantener la relación.
4	A	Trato de buscar una solución de compromiso.
	B	A veces sacrifico mis propios deseos en favor de los del otro.
5	A	Consistentemente, busco la ayuda del otro para encontrar una solución.
	B	Trato de hacer lo que pueda para evitar tensiones inútiles.
6	A	Trato de evitarme desagrados.
	B	Trato de imponer mi posición.
7	A	Trato de postergar el tema hasta que haya tenido tiempo para meditarlo.
	B	Cedo en algunos puntos a cambio de lograr otros.
8	A	Habitualmente, soy decidido para lograr mis objetivos.
	B	Trato que todas las dudas y problemas salgan a la superficie en forma inmediata.

9	A	Siento que no siempre vale la pena preocuparse de las diferencias.
	B	Hago esfuerzos para salirme con la mía.
10	A	Soy decidido para lograr mis objetivos.
	B	Trato de encontrar una solución de compromiso.
11	A	Trato que todas las dudas y problemas salgan a la luz en forma inmediata.
	B	Puedo tratar de limar las asperezas y mantener la relación.
12	A	Trato de no herir los sentimientos del otro.
	B	Siempre comparto el problema con la otra persona de manera que podamos resolverlo.
13	A	A veces evito tomar posiciones que puedan crear controversia.
	B	Le acepto al otro algunos de sus argumentos si él me permite mantener algunos de los míos.
14	A	Propongo una posición intermedia.
	B	Hago presión por mis puntos de vista.
15	A	Le expreso mis ideas y solicito las suyas.
	B	Trato de demostrarle la lógica y los beneficios de mi posición.
16	A	Puedo tratar de limar las asperezas y mantener la relación.
	B	Trato de hacer lo que sea necesario para evitar tensiones.

17	A	Trato de no herir los sentimientos del otro.
	B	Trato de convencer a la otra persona sobre los méritos de mi posición.
18	A	Habitualmente, soy decidido para lograr mis objetivos.
	B	Trato de hacer lo que pueda para evitar tensiones inútiles.
19	A	Si hace feliz a la otra persona, podría dejarlo mantener sus puntos de vista.
	B	Le acepto al otro algunos de sus argumentos si él me permite mantener alguno de los míos.
20	A	Trato que todas las dudas y problemas salgan a la superficie en forma inmediata.
	B	Trato de postergar el tema hasta que haya tenido tiempo para meditarlo.
21	A	Trato de resolver nuestras diferencias en forma inmediata.
	B	Trato de encontrar una combinación justa de ganancias y pérdidas para ambos.
22	A	Al iniciar negociaciones trato de ser considerado respecto de los deseos de la otra persona.
	B	Siempre me inclino por una discusión directa del problema.
23	A	A menudo me preocupo de satisfacer todos nuestros deseos.
	B	Hay oportunidades en que dejo que otros asuman la responsabilidad para resolver el problema.
24	A	Si la posición de la otra persona parece serle muy importante, trato de cumplir sus deseos.
	B	Trato de que él se avenga a una solución de compromiso.

25	A	Trato de demostrarle la lógica y los beneficios de mi posición.
	B	Al iniciar negociaciones trato de ser considerado respecto de los deseos de la otra persona.
26	A	Trato de encontrar una posición que sea intermedia entre la mía y la de él.
	B	Impongo mis deseos.
27	A	Propongo una posición intermedia.
	B	Siento que no siempre vale la pena preocuparse.
28	A	Propongo una proposición intermedia.
	B	Casi siempre me preocupo de satisfacer todos nuestros deseos.
29	A	A veces evito tomar posiciones que puedan crear controversia.
	B	Si hace feliz a la otra persona, podría dejarlo mantener sus puntos de vista.
30	A	Habitualmente, soy decidido para lograr mis objetivos.
	B	Habitualmente, busco la ayuda del otro para encontrar una solución.

PUNTUACIONES

	Competitivo	Colaborador	Compromiso	Evitación	Acomodación
1				A	B
2		B	A		
3	A				B
4			A		B
5		A		B	
6	B			A	
7			B	A	
8	A	B			
9	B			A	
10	A		B		
11		A			B
12			B	A	
13	B		A		
14	B	A			
15				B	A
16	B				A
17	A			B	
18			B		A
19		A		B	
20		A	B		
21		B			A
22	B		A		
23		A		B	
24			B		A
25	A				B
26		B	A		
27				A	B
28	A	B			
29			A	B	
30		B			A
TOTALES:					

5. Qué tener en cuenta en una negociación colaborativa y cómo llevarla a cabo

Una buena negociación requiere planificarla, así como tener claros algunos conceptos imprescindibles para que la otra parte, o sea, aquella con la se quiere llegar a un acuerdo, quiera cooperar. Es importante no dar nada por supuesto y ser conscientes de que, en coyuntura de conflicto, no todos los implicados perciben la misma realidad de forma idéntica y que puede haber tantas percepciones y explicaciones como personas alrededor de ella. La parábola de los ciegos y el elefante[9] nos sirve para ilustrar este punto:

Un grupo de ciegos escuchó que un extraño animal, llamado elefante, había sido traído al pueblo, pero ninguno de ellos era consciente de su figura y forma. Por curiosidad, dijeron: «Hay que inspeccionarlo y conocerlo al tacto, de lo que somos capaces». Entonces, lo buscaron, y cuando lo encontraron, lo buscaron a tientas. La primera persona, cuya mano se posó en la trompa, dijo: «Este ser es como una serpiente gruesa». Para otro cuya mano llegaba a su oreja, dijo que parecía una especie de abanico. En cuanto a otra persona, cuya mano estaba sobre su pata, dijo, el elefante es un pilar como el tronco de un árbol. El ciego que puso su mano en su costado dijo que el elefante «es una pared». Otro que sintió su cola, lo describió como una cuerda. El último sintió su colmillo, indicando que el elefante es lo que es duro, liso y como una lanza.

Dado que el fin primordial de toda negociación es llegar a un acuerdo y que este, por los planteamientos que hemos visto antes al hablar de la negociación integradora o colaborativa, sea lo más satisfactorio posible para todas las partes, existen unas series de cuestiones básicas que deben tenerse en cuenta. A este respecto, hay que señalar que las técnicas desarrolladas en la Universidad de Harvard por los profesores Roger Fisher, William Ury y Bruce Patton (1991)[10], además de ser de las más populares, sirve para ordenar el proceso negociador. Su modelo se centra en los intereses de las partes y se focaliza en el manejo del conflicto y su resolución, teniendo en cuenta que, para ellos, la disputa surge del desacuerdo, que siempre genera cierto caos en cada una de las personas involucradas en aquella. Por tanto, estructurar el procedimiento ayudará a ordenar tal desbarajuste o confusión inicial.

---

9 Cuento popular originario de la India, que pasó a distintas tradiciones culturales y religiosas (budista, jainita, sufí...).

10 *Getting to yes: the secret to successful negotiation*.

Se puede resumir dicho proceso en el esquema que se recoge a continuación:

Iremos desgranando cada una de las fases y los elementos que las integran.

PREPARACIÓN	INICIO Y PROGRAMACIÓN	NEGOCIACIÓN	CONCLUSIÓN DE ACUERDOS
Cada parte reúne información respecto a sus necesidades y las de la otra. Normalmente, el resultado de la negociación depende de esta fase preparatoria.	Se establecen las reglas de la negociación, se aclaran las cuestiones prácticas y se fija el objeto de la negociación.	- Intereses. - Opciones. - Precio de abandono. - ZOPA: zona de posible acuerdo. - MAAN: Mejor alternativa al acuerdo negociado.	Recogida, redacción y formalización. En los de tracto sucesivo: formas de supervisión del cumplimiento de cláusulas de revisión.

Preparación

Es muy importante destinar tiempo en preparar la negociación pues, aunque no se sabe a ciencia cierta cómo se desarrollará, cada parte sí sabe qué quiere y debe hacer un esfuerzo, además, por tratar de averiguar cuál va a ser la respuesta de la otra parte.

Se necesita emplear empatía para tratar de averiguar las necesidades del otro, dado que serán estas las que determinen tanto sus ofrecimientos como la aceptación o rechazo de las que se le hagan, así como prever las líneas rojas que no se desee traspasar.

Igualmente y para el caso de que se vaya a negociar con una persona jurídica, no debe olvidarse que su representante querrá quedar bien consigo mismo y con los intereses que representa, lo que quiere decir que llevará unas instrucciones que se habrá 'obligado moralmente' a cumplir bien frente a superiores jerárquicos (en el caso de que quien acuda a la negociación no sea el máximo responsable de la organización) o bien de cara quienes dependen de él/ella (trabajadores, clientes, colaboradores...). Esas 'sillas vacías' son muy importantes y deben tenerse en cuenta, pues en la toma de decisiones y aun a distancia, actúan como si fueran los actores de la negociación, dado que los efectos del acuerdo les implican.

Resumiendo, conviene tener claras estas cuestiones:

– Qué se quiere y por qué se quiere.

– Qué quiere la otra parte y por qué.

– Cuál es el rango propio aceptable y el de los otros.

- ¿Hay alguna alternativa a la negociación?
- Puntos débiles y fuertes de cada parte.
- Cómo abrir el diálogo.
- Cómo se puede crear confianza.
- Qué hacer para que la otra parte quiera colaborar.
- Qué estrategias se usarán.
- Qué estrategias usará la otra parte.
- Prepararse para gestionar la posible respuesta emocional (propia y ajena).

Inicio y programación

Dado que la negociación es un proceso de comunicación, las partes han de establecer las reglas por las que quieren regirse, forma de llevarla a cabo y establecer o perfilar la controversia.

Respecto a las reglas, estas se refieren tanto al ordenamiento jurídico que aplicarán a las cuestiones objeto de la negociación y a los acuerdos que se alcancen, como a otras cuestiones de orden práctico y no menos importantes, como la duración de las reuniones, asistencia jurídica en caso de que sea necesaria, idioma de trabajo, forma que adoptarán los pactos, confidencialidad y límites de la misma, etc.

También debe señalarse claramente el conflicto que se desea solucionar, para centrar el objeto del proceso.

En resumen:

- Empezar sobre las pautas de la negociación, pero no sobre el contenido.
- Acordar cómo se va a realizar la negociación.
- Fijar el objeto de la negociación.
- Reconocer posibles alternativas, como la vía judicial.

Negociación propiamente dicha

Es la fase en que las partes se encaminan a la consecución de sus fines y, de cara a la negociación integradora, ha de partirse de que los participantes están capacitados para solventar sus problemas de forma amistosa (Fisher, Ury y Patton, 1991) y se asienta en cinco bases fundamentales:

SEPARAR A LAS PERSONAS DEL PROBLEMA: Los temas deben tratarse en función de las características que presenten más que a partir de las emociones de los individuos implicados. Una buena técnica es aislar el conflicto de toda implicación relacional y centrarse en que se desea encontrar una solución al mismo. Si se piensa que la meta de la negociación es el acuerdo, será más fácil desprenderse de cuestiones subjetivas y puramente emocionales. Ejemplo: alguien quiere vender la casa heredada de sus padres y que comparte con tres hermanos con los que hace tiempo discutió como consecuencia del testamento de su madre y no guardan relación alguna. Si se centra en las causas que les llevaron a distanciarse y los motivos de su ruptura familiar, la dificultad para llegar a un acuerdo se agranda, pudiendo incluso desechar la oferta de compra 'un contrario' por orgullo, rabia, frustración mal gestionada o para fastidiar. Sin embargo, si pone el foco en lo que quiere (que se venda la casa y desligarse de la misma), aquellas cuestiones pasarán a un plano muy inferior y se facilitará la toma de acuerdos.

CENTRARSE EN LOS INTERESES DE LAS PARTES Y NO EN LAS POSICIONES: Las posiciones son las cosas que cada parte pide o mantiene (la custodia exclusiva sobre los hijos, una rebaja en el precio de la renta, la devolución de un dinero prestado, etc.) Si comparamos el conflicto con un iceberg, sería la parte visible del mismo, aquello que sale a la superficie. No obstante, sabemos que lo que lo sustenta es mucho más grande que aquello, por lo que negociar sobre posiciones (algo que se efectúa muy a menudo) suele llevar a soluciones de compromiso y muchas veces momentáneas, porque no se han tenido en cuenta los intereses y necesidades de las partes.

Los intereses serían las razones que llevan a alguien a pedir lo que pide y a mantener su petición, lo que se esconde bajo la posición. Están trufados de necesidades, mitos, tabúes, emociones, etc. Lo que a un padre le mueve a pedir la custodia de su hija de dos años puede distar mucho de las razones que llevan a otro a solicitar exactamente lo mismo y, por eso, aplicar por sistema soluciones iguales y estándares a problemas aparentemente iguales suele generar insatisfacción.

Los intereses que persiguen las partes pueden ser:

- Opuestos o incompatibles. Cada parte percibe que, para alcanzar lo que quiere, la otra debe ceder sí o sí.

- Distintos, pero compatibles. Cada parte persigue intereses diferentes, pero alcanzar uno no conlleva necesariamente el sacrificio del otro.

- Comunes las partes. A veces no son conscientes de esto y lo descubren durante la negociación.

Igualmente, Entelman (2003)[11] propone la siguiente clasificación:

- Concretos: cuando el interés se encuentra en el objeto mismo. Este tipo de intereses son, por tanto, medibles, cuantificables o susceptibles de tener valor y, a veces, también divisibles. Ejemplo: si en una liquidación de gananciales alguien dice que le interesa la vivienda porque vale 350.000 €, está manifestando que el valor económico es tan importante como el inmueble y probablemente se dará por satisfecha esa parte con la casa o con el dinero.

---

11   *Teoría de conflictos.*

- Simbólicos: cuando el interés no está dado solamente en el objeto mismo, sino también en lo que representa para la persona. En el mismo ejemplo anterior, si la parte quiere quedarse con la vivienda porque está edificada sobre una parcela que perteneció a sus abuelos y donde se hacían las celebraciones y fiestas familiares.

- Trascendentes: cuando los intereses van más allá de lo material, lo concreto y lo divisible, como el perdón, el reconocimiento, la autorrealización, etc. Continuando con el mismo ejemplo, la parte está dispuesta a flexibilizar su pretensión de quedarse con la vivienda, si se le reconoce que aportó el terreno de sus abuelos.

Por otro lado, los intereses más potentes suelen ser los trascendentes y coinciden con las necesidades básicas humanas como la seguridad, la libertad, el bienestar físico, el reconocimiento, etc. Es preciso, por tanto, hablar claramente de aquellos, siendo concreto y veraz, manejándolos como parte del conflicto (pues constituyen la base del mismo, lo que sustenta el iceberg). A este respecto, la mayoría de las personas centran sus preocupaciones en las cuestiones que no dependen de ellas: su área de actuación se encierra dentro del área de influencia, que a su vez se ve circundada por lo que no depende de ellas. Tal como se ve en la siguiente figura, la negociación debería encuadrarse en los dos círculos internos (zona de acción y círculo de influencia), que es donde cada parte tiene potestad para cambiar algo.

Pongamos un ejemplo: Inés e Ismael son hermanos. Él está casado y tiene tres hijos de 12, 10 y 9 años. Vive con su familia en Luxemburgo, donde trabaja como funcionario de la Unión Europea, y solo viene a España de vez en cuando. Por su parte, Inés no tiene hijos. Desde que se divorció hace cuatro años, vive con su madre (Clara), en un piso propiedad de esta última. Inés tiene pareja desde hace dos años, pero no conviven.

Hace año y medio que Clara sufrió un infarto cerebral, con secuelas que la impiden caminar y controlar esfínteres. Tampoco maneja la mano izquierda. Necesita silla de ruedas para desplazarse y una atención constante. Aunque habla dificultosamente, comprende todo lo que le dicen, pero a veces se desorienta espacial y temporalmente.

Dado que Inés trabaja en una oficina de 8 a 3, necesitó contratar a una persona de lunes a viernes para que se encargara de atender a su madre hasta que ella llegara al domicilio. A partir de ese momento y los fines de semana, es la propia hija quien se ocupa de cuidar a Clara, aparte de llevar la casa. Su novio le echa una mano cuando puede, pero él también tiene obligaciones y, además, piensa Inés que «como no es su madre», no puede exigirle nada. Ha solicitado plaza en una residencia asistida de la red pública, pero aún no ha recibido contestación.

Como no ha descansado ni un solo día, Inés se encuentra agotada. Su relación de pareja también se resiente y piensa que ha llegado la hora de tomar una decisión.

La zona de acción de Inés es lo que ya ha hecho (contratar una cuidadora, pedir plaza en una residencia...).

Su círculo de influencia lo compondrían cuestiones como solicitar una excedencia laboral y dedicarse a su madre hasta que le concedan la plaza residencial, hablar con su hermano Ismael para que contribuya económicamente y puedan contratar a una persona por más tiempo, plantear a su pareja irse a vivir con Adela y su madre, etc.

En cuanto al área que no depende de ella, se puede encontrar la decisión administrativa de conceder o no plaza en la residencia pública, que la persona actualmente contratada caiga enferma o decida dejar el trabajo, etc.

Por último, ayuda bastante y resulta muy útil confeccionar una lista con los intereses de cada una de las partes, una vez que ya hayan salido todos. A este respecto, resulta contraproducente hablar de posibles soluciones si tener claros dichos intereses, pues de lo contrario se estaría negociando sobre las posiciones.

GENERAR DISTINTAS OPCIONES PARA GANANCIAS MUTUAS: Por opciones debemos entender el abanico de posibilidades entre las posturas divergentes de las partes y sobre las que podrían llegar a un acuerdo. Para ello, se desarrolla la creatividad de tal forma que puedan enumerarse esas posibilidades, pasando posteriormente a analizar de manera realista cada una de ellas. Técnicas como la tormenta de ideas son muy empleadas en este punto, aunque pueden aplicarse otras que promuevan la reflexión, la empatía y la imaginación.

Resulta de capital importancia ampliar el campo de acción, ensanchar el abanico estableciendo qué es lo que une y qué diferencia a las partes y de esto último establecer criterios de legitimación o referencia que sirvan para llevar a cabo la colaboración entre ellas.

Tomemos este ejemplo: Rosa y Manuel trabajan en la misma empresa. Se conocen de coincidir en algunas reuniones y eventos, pero no son amigos. Reciben su cesta de Navidad, cada una de las cuales contiene dos embutidos, fruta escarchada, un paté, dos tabletas de turrón, una botella de vino de Jerez, otra de cava, una lata de espárragos blancos y una caja de bombones de licor. Rosa es vegetariana y Manuel no toma alcohol desde hace años, por un problema de salud. Coinciden en el ascensor, cada uno con su cesta y, además, pensando en la posibilidad de redistribuir su contenido.

Visto desde fuera, parece que hay una serie de productos que no le van a interesar a Rosa (los cárnicos como embutidos y paté) y otros que tampoco querrá Manuel (las botellas de alcohol y los bombones de licor). Parece que, si se los intercambian, quedarían satisfechos y sería un acuerdo.

Ahora bien, pensemos que Manuel dice querer los bombones porque le gustan mucho a su madre y se los regalaría a ella o que a Rosa le gustaría quedarse con el paté de su cesta y el de la cesta de su compañero, para agasajar a sus invitados durante las celebraciones navideñas, o que ninguno quiere la fruta escarchada o el cava, aquí tendrían que establecer criterios de reparto que les posibilitaran generar opciones y llegar a una solución, que podrían ser tantos como imaginación tuvieran:

- Mismo número de productos en cada cesta.
- Equilibrio en el valor económico de ambas cestas.
- Aquello que no quiera ninguno de ellos, donarlo a un banco de alimentos.
- Compensar un producto de menos con una invitación a un café.
- Etc.

Asimismo, las propuestas de opción han de ser realistas. La mayoría de los acuerdos se alcanzan en distancias aproximadas, perdiéndose todas las ofertas y contraofertas excesivamente alejadas. A este respecto, hay que valorar la ZOPA o zona de posible acuerdo, que es esa franja común entre la horquilla de negociación de cada parte y que facilitará el diálogo encaminado a un acuerdo. El supuesto que se recoge a continuación servirá para ejemplificar este concepto:

Jimena acude a una entrevista de trabajo para un puesto de Project Manager. Su objetivo es conseguir un salario entre 50.000 y 60.000 € anuales. La empresa está dispuesta a pagar entre 40.000 y 55.000 € anuales. Existe una ZOPA entre los 50.000 y los 55.000, pues a priori Jimena no aceptaría nada por debajo de los 50.000 (su precio de abandono) y la empresa nada que supere los 55.000 (su precio de abandono). Por tanto, deberían poder llegar a un acuerdo si los demás términos y condiciones les encajan.

Pero supongamos que la empresa no acepta pagar más de 45.000 € anuales, entonces no habría ZOPA y las partes, si deciden no retirarse, deberían CREAR PROPUESTAS DE VALOR.

¿Cómo se crean dichas propuestas de valor? Contemplando el asunto en su conjunto. Veamos sobre el mismo ejemplo:

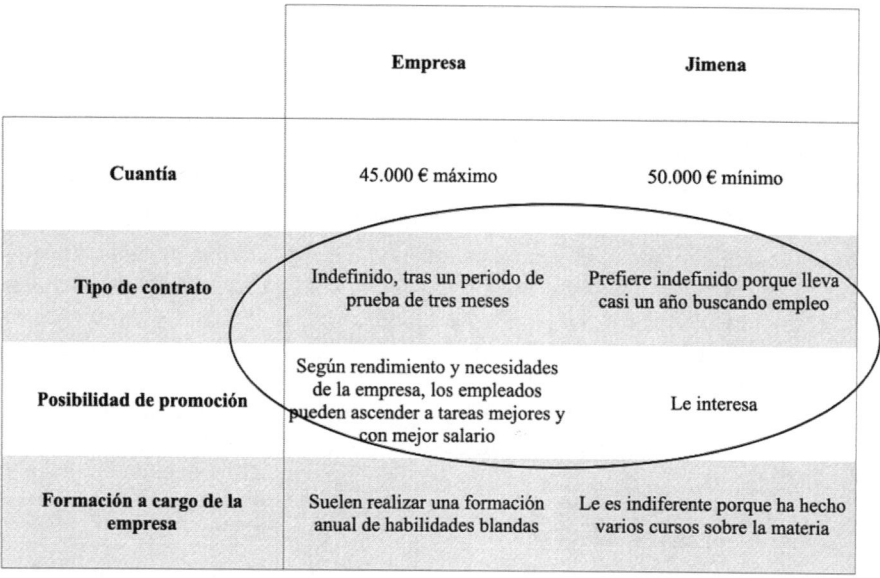

	Empresa	Jimena
Cuantía	45.000 € máximo	50.000 € mínimo
Tipo de contrato	Indefinido, tras un periodo de prueba de tres meses	Prefiere indefinido porque lleva casi un año buscando empleo
Posibilidad de promoción	Según rendimiento y necesidades de la empresa, los empleados pueden ascender a tareas mejores y con mejor salario	Le interesa
Formación a cargo de la empresa	Suelen realizar una formación anual de habilidades blandas	Le es indiferente porque ha hecho varios cursos sobre la materia

En términos globales, Jimena y la empresa comparten algunos intereses, como son los relativos al tipo de contrato y la posibilidad de promoción. Asimismo, el punto de formación no supondría obstáculo, pues a ella solo le resulta indiferente. Sopesándolo todo, es probable que Jimena aceptara el empleo, dado que su situación mejoraría la que tiene actualmente (está sin trabajo) y si salir de dicha coyuntura fuera un objetivo prioritario para ella.

Llegados a este punto, se debe identificar la prioridad en los objetivos de cada una de las partes, dado que allí reside normalmente esa necesidad que las empuja a pedir lo que están pidiendo (para Jimena, encontrar empleo; para la empresa, cubrir una vacante).

UTILIZAR CRITERIOS OBJETIVOS: Este postulado deriva de la necesidad de sentir se tratadas justamente. Como las personas tienen a menudo diferente percepción acerca de lo que es justo o injusto, conviene buscar criterios de legitimidad compartidos por todas las partes, siendo estas quienes los establezcan según las circunstancias del caso y siendo importante que los cataloguen como justos e imparciales. Tales criterios objetivos pueden ser:

- La opinión de un tercero experto.
- Tener en cuenta un precedente.
- Los costes.
- La reciprocidad.
- El valor de mercado.
- La costumbre.
- Echarlo a suertes.
- Baremos oficiales.
- Etc.

TENER EN CUENTA LAS ALTERNATIVAS FUERA DE LA NEGOCIACIÓN EN CURSO (MAAN): En principio, nadie se mantiene negociando si piensa que lo que consiga va a ser peor o de menos relevancia que lo que cree puede obtener fuera de la negociación. Por tanto, resulta de capital importancia identificar esa posible mejor alternativa al acuerdo negociado y calcular los costes que para cada parte tendría no llegar a un acuerdo, ya que en muchas ocasiones esas alternativas son meras expectativas que requieren tiempo y determinadas circunstancias para que se den. Así, alguien puede entender que no le interesa seguir negociando sobre la custodia compartida de sus hijos porque existe jurisprudencia favorable a esta figura, prefiriendo acudir a un pleito si la contraparte no accede a lo que pide.

Sin embargo, antes de desertar de la negociación, debería tener claro cuál sería el peor de los escenarios, en caso de que los tribunales no le dieran la razón, al igual que calcular de forma certera el coste real de su supuesto MAAN, no solo desde el punto de vista económico (pago de honorarios y derechos de abogados y procuradores, coste de posibles informes psicológicos o peritajes, el tiempo que puede transcurrir hasta la sentencia firme, el desgaste emocional, el empeoramiento de la relación familiar, etc.).

Cuando el conflicto versa sobre todo en torno a cuestiones cuantificables desde el punto de vista económico, puede resultar de utilidad recurrir a fichas como esta que se muestra a continuación:

En resumen:

- Definir claramente la situación y los intereses.
- Intercambiar información inteligentemente, asegurándose de que la otra persona comparte información.

- Evitar los estereotipos y perjuicios.

- Tratar de mantener la objetividad.

- Mantenerse lo más abierto y flexible posible

- Generar opciones y mantener flexibilidad, hablando libremente sobre ellas sin compromiso, valiéndose de técnicas que promuevan la creatividad como la tormenta de ideas, enfocar al futuro, hablar de deseos. Tener en cuenta las preferencias, las prioridades, la utilidad, el factor tiempo, etc. y no coger la primera opción que aparece.

La comunicación

Como se dijo al principio del presente capítulo, la negociación es un proceso de comunicación entre partes, encaminado a alcanzar un acuerdo, de ahí que tan importante sea qué se dice como la manera de decirlo. Resulta importante que los interlocutores sientan que son escuchados y que su mensaje ha sido entendido, a pesar del desacuerdo existente.

Existen técnicas para facilitar esa comunicación, siendo muy recomendable aplicar la escucha activa mostrando interés, clarificando, parafraseando, reflejando y resumiendo empáticamente, todo ello con un lenguaje no violento, dado que se debe ser firme con el problema sin atacar a las personas. En el momento que una parte se sienta humillada, sojuzgada, criticada, etc., es muy probable que pueda adoptar una postura defensiva, poco colaboradora o de acción/reacción, llevando al enrocamiento u obstaculización del proceso negociador.

Asimismo, debe huirse de aquellas conductas que entorpecen la comunicación, como ser irónicos, sermonear, amenazar, quitar importancia a lo que dice la otra parte, observar un lenguaje no verbal que denote desatención, interrogar, mostrar curiosidad malsana y cualquier otra que ponga en peligro la posibilidad de negociar colaborativamente.

Al hilo de lo expuesto, la percepción de los hechos por parte de nuestro cerebro puede ser distinta a la realidad. Es el proceso de filtraje que nos ayuda a interpretar (McGrath y Bate, 2014)[12]. Existen tres filtros que debemos tener en cuenta:

- **La exclusión**: impide al cerebro tener que absorber la totalidad de inputs sensoriales a que está sometido, eliminando la información que considera irrelevante.

- **La distorsión**: permite encajar un hecho en un marco preexistente de experiencia o conocimientos.

---

12   *El pequeño libro de las grandes teorías del management.*

– **La generalización**: gracias a ella se puede establecer una opinión a partir de algo análogo que ya se ha experimentado anteriormente.

Sabiendo que se poseen tales filtros, será más sencillo comunicarse de forma eficiente y, así, buscar pistas para saber que el interlocutor está entendiendo y servirse de la devolución que este haga para saber si está excluyendo, generalizando o distorsionando.

Por su parte y para terminar este apartado, la comunicación no anda exenta del influjo de las emociones. Aprender a gestionarlas es adquirir competencias emocionales (Goleman, 1996)[13], consistentes en favorecer las emociones de la otra parte y esto solo es posible si cada cual se esfuerza en canalizar las suyas propias.

Conclusión de acuerdos

Valoradas todas y cada una de las posibles opciones, las partes tomarán las decisiones que mejor se acomoden a sus respectivos intereses, formalizándose los acuerdos tal como ellas convengan (documento privado, elevación a público, cláusulas confidenciales o no).

Es recomendable utilizar un lenguaje inequívoco, evitando caer en ambigüedades que pudieran crear confusión o servir de excusa para justificar un incumplimiento. Obviamente, el acuerdo negociado se atenderá a la legalidad vigente.

El acuerdo es el objetivo de la negociación y debe ser realista, verificable, dejando claro el qué, cuándo, quién, cómo y dónde, lo que conlleva que las partes se planteen a qué van a comprometerse y a qué quieren que se comprometan las demás.

Los siete elementos del modelo Harvard de negociación

Para terminar este apartado relativo a qué tener en cuenta en una negociación colaborativa y a modo de resumen, el modelo Harvard fijó los siete elementos que aparecen en el siguiente cuadro.

Aunque para esta escuela la relación entre las partes no es lo más sustancial en lo que a llegar acuerdos respecta, sí reconocen, empero, que habrá mejor resultado si las partes han mantenido o mejorado su capacidad para colaborar entre ellas, lo que facilitará el cumplimiento de los acuerdos y futuras negociaciones.

---

13   *Inteligencia emocional.*

ALTERNATIVAS	INTERESES	OPCIONES	LEGITIMACIÓN
Tener en cuenta el MAAN de las partes. Cuanto más sólido sea el MAAN, mayor probabilidad de deserción. Promover las cosas que podrían conseguir aparte del MAAN. Evaluar el coste del MAAN.	- Promover que las partes prioricen sus intereses. - Señalar los intereses compartidos.	Ayudar a que las partes generen opciones para cada uno de los asuntos. Evaluarlas con las partes. Analizarlas con criterios objetivos. Cómo crear criterios objetivos cuando no existen.	¿Qué podría aportar sentido de justicia al proceso? Necesidades de las partes.
COMUNICACIÓN	**RELACIÓN**	**COMPROMISO**	
Elegir el tipo de preguntas. Ayudar a las partes a lanzar sus mensajes eficientemente. Es tan importante lo que se dice como la forma de decirlo.	A: ¿Cómo es ahora? B: ¿Cómo les gustaría a las partes que fuera? Generar ideas para pasar de A a B.	Aclarar todos los temas antes de comprometerse. Examinar el nivel de compromiso que están dispuestas las partes a alcanzar.	

6. Algunas piedras en el camino de la colaboración

Existen ocasiones en que no fluye como debiera la cooperación entre las partes, poniendo en peligro la negociación, lo que puede deberse a varias circunstancias: (Ury, 2011)[14].

– Las propias reacciones de las partes, en el sentido de la reacción defensiva que alguien puede tomar al sentirse atacado. También puede reaccionar cediendo en todo para terminar cuanto antes.

---

14   *Supere el no.*

- Las emociones negativas como la ira, la rabia, el rechazo o la tristeza pueden generar envites, frases o comentarios inadecuados, etc.
- El comportamiento posicional de una de las partes, que las lleva a entender la negociación como un juego en que el más débil cede, por lo que mantiene una actitud inflexible y a intentar mantener 'el poder'.
- El uso de estratagemas o trucos, es decir, tácticas destinadas a la manipulación y engaño.
- Una comunicación ineficaz.
- Recibir información y datos imprecisos.
- La propia personalidad y sentimientos.
- Las presiones externas.
- El orgullo.
- Las diferencias éticas.
- La desconfianza.

Cuando alguien reacciona airadamente a alguna de estas cuestiones, contribuye a la escalada de conflicto y/o la situación de bucle que pueda generarse. ¿Cómo se puede no responder ante esas posturas? Tomando distancia, lo que en el argot de resolución de conflictos se denomina 'subirse al balcón'. Es necesario recuperar la calma para poder analizar la situación de forma objetiva, transformando la impulsividad en reflexión. También coadyuva conocer los propios puntos vulnerables.

Si no fuera posible tomar esa distancia, otra posibilidad es tomarse tiempo para pensar, desde pedir un descanso para beber un vaso de agua o hacer una llamada, hasta solicitar una pausa más larga, de varios días.

7. Características del buen negociador

- Un buen negociador debe contar con las siguientes habilidades:
- Pensar rápido, de forma precisa y con la mente bien estructurada.
- Expresarse bien y con claridad.
- Tener capacidad de análisis y de síntesis.
- Ser impersonal si se trata del representante de una persona jurídica o de un colectivo.
- Ser paciente.
- Tener empatía.
- Poseer tacto y autocontrol.
- Tener cintura, buen humor.

8. Bibliografía

CARNEGIE, D.: *Cómo ganar amigos*, Ed. Edhasa, 2005.

DEUSCH, M.: *The Resolution of Conflict, Constructive and Destructive Processes*. Ed. Yale University Press, 1973.

GOLEMAN, D.: *Inteligencia emocional*. Ed Kairós (1996).

ENTELMAN, R.: *Teoría de conflictos*. Ed. Gedisa, 2003.

FISHER, R. URY, W. y PATTON, B.: *Getting to yes: the secret to successful negotiation*. Ed. Penguin, 1991.

McGRATH, J. y BATES, B.: *El pequeño libro de las grandes teorías del management*. Ed. Alienta, 2014.

URY, W.: *Supere el no*. Ed. Gestión 2000, 2011.